中公文庫

名作うしろ読み

斎藤美奈子

中央公論新社

はじめに

〈国境の長いトンネルを抜けると雪国であった〉（川端康成『雪国』）

〈木曽路はすべて山の中である〉（島崎藤村『夜明け前』）

本は読んでいなくても、なぜかみんな知ってる名作文学の書き出し、すなわち「頭」の部分である。では同じ作品のラストの一文、すなわち「お尻」はご存じだろうか。

ご存じない？　ですよね。

だったら調べてみようじゃないの。それが本書のコンセプトである。

名作の「頭」ばかりが蝶よ花よともてはやされ、「お尻」が迫害されてきたのはなぜか。

「ラストがわかっちゃったら、読む楽しみが減る」

「主人公が結末でどうなるかなんて、読む前から知りたくない」

そんな答えが返ってきそうだ。「ネタバレ」と称して、小説のストーリーや結末を伏せる傾向は、近年、特に強まってきた。

しかし、あえていいたい。それがなんぼのもんじゃい、と。

お尻がわかったくらいで興味が半減する本など、最初からたいした価値はないのである。

っていうか、そもそも、お尻を知らない「未読の人」「非読の人」に必要以上に遠慮するのは批評の自殺行為。読書が消費に、評論が宣伝に成り下がった証拠だろう。

私たちはシェークスピア『ハムレット』の最後でハムレットが死ぬことを知っている。夏目漱石『坊っちゃん』のラストで坊っちゃんが四国を去ることも知っている。知っていても、『ハムレット』や『坊っちゃん』の魅力が減るなんてことはあり得ない。きのうきょう出た新刊書じゃないのである。やや強引に定義し直せば、人々がある程度内容を共有している作品、「お尻」を出しても問題のない作品が「古典」であり「名作」なのだ。

未読の人にはこのようにいってさしあげたい。

「つべこべ文句をいっていないで、読もうよ本を」

これだけは保証しよう。本の話は「既読の人」同士でしたほうが絶対おもしろいのである。

名作うしろ読み　目次

はじめに　3

1　青春の群像

失恋はする、悩みはつのる、すぐ死にたがる。
青春ってやつはもう……。　……15

『坊っちゃん』夏目漱石　16
『雁』森鷗外　18
『風立ちぬ』堀辰雄　20
『檸檬』梶井基次郎　22
『潮騒』三島由紀夫　24
『野菊の墓』伊藤左千夫　26
『友情』武者小路実篤　28
『浮雲』二葉亭四迷　30
『竜馬がゆく』司馬遼太郎　32
『異邦人』アルベール・カミュ　34
『走れメロス』太宰治　36
『伊豆の踊子』川端康成　38
『車輪の下』ヘルマン・ヘッセ　40
『三四郎』夏目漱石　42
『はつ恋』ツルゲーネフ　44
『若きウェルテルの悩み』ゲーテ　46
『草の花』福永武彦　48
『ハムレット』シェイクスピア　50
『トニオ・クレエゲル』トオマス・マン　52
『何でも見てやろう』小田実　54
『さぶ』山本周五郎　56

2 女子の選択

恋愛、結婚、別離、自立。
飾りじゃないのよ、人生のイベントは。……59

『細雪』谷崎潤一郎 60
『二十四の瞳』壺井栄 62
『ゼロの焦点』松本清張 64
『放浪記』林芙美子 66
『流れる』幸田文 68
『女坂』円地文子 70
『パルタイ』倉橋由美子 72
『金色夜叉』尾崎紅葉 74
『紀ノ川』有吉佐和子 76
『あらくれ』徳田秋声 78
『赤毛のアン』モンゴメリ 80
『あしながおじさん』ジーン・ウェブスター 82
『武士の娘』杉本鉞子 84
『詩のこころを読む』茨木のり子 86
『自負と偏見』ジェーン・オースティン 88
『風と共に去りぬ』マーガレット・ミッチェル 90
『ブラームスはお好き』サガン 92

3 男子の生き方

虚勢を張る人、わが道を行く人、破滅に向かう人。
とかく男の人生は……。 …… 95

『蒲団』田山花袋 96
『恩讐の彼方に』菊池寛 98
『野火』大岡昇平 100
『蟹工船』小林多喜二 102
『たそがれ清兵衛』藤沢周平 104
『婦系図』泉鏡花 106
『沈黙』遠藤周作 108
『四十八歳の抵抗』石川達三 110
『時刻表2万キロ』宮脇俊三 112
『園芸家12カ月』カレル・チャペック 114
『学問のすゝめ』福沢諭吉 116
『老人と海』ヘミングウェイ 118
『おはん』宇野千代 120
『旅愁』横光利一 122
『グレート・ギャツビー』フィッツジェラルド 124
『五重塔』幸田露伴 126
『夜間飛行』サン＝テグジュペリ 128
『牧野富太郎自叙伝』牧野富太郎 130
『江分利満氏の優雅な生活』山口瞳 132
『月と六ペンス』サマセット・モーム 134
『ノア ノア』ポール・ゴーギャン 136

4 不思議な物語

幻想も妄想も文学の肥やし。大人のファンタジーは甘くないのだ。……139

『雪国』川端康成 140
『濹東綺譚』永井荷風 142
『藪の中』芥川龍之介 144
『山月記』中島敦 146
『第七官界彷徨』尾崎翠 148
『風の又三郎』宮沢賢治 150
『赤いろうそくと人魚』小川未明 152
『砂の上の植物群』吉行淳之介 154
『桜の森の満開の下』坂口安吾 156
『変身』カフカ 158
『砂の女』安部公房 160
『月山』森敦 162
『クリスマス・キャロル』ディケンズ 164
『押絵と旅する男』江戸川乱歩 166
『ドン・キホーテ』セルバンテス 168
『白鯨』メルヴィル 170
『吉里吉里人』井上ひさし 172
『動物農場』ジョージ・オーウェル 174

5 子どもの時間

学ぶ子、遊ぶ子、働く子。
みんな踏まれて大きくなった。……177

『一房の葡萄』有島武郎　178
『兎の眼』灰谷健次郎　180
『路傍の石』山本有三　182
『清兵衛と瓢簞』志賀直哉　184
『銀の匙』中勘助　186
『点子ちゃんとアントン』
　ケストナー　188
『長くつ下のピッピ』
　リンドグレーン　190
『君たちはどう生きるか』
　吉野源三郎　192
『クマのプーさん』A・A・ミルン　194
『ドリトル先生航海記』
　ヒュー・ロフティング　196
『しろばんば』井上靖　198
『たけくらべ』樋口一葉　200
『十五少年漂流記』ジュール・ヴェルヌ　202
『蠅の王』W・ゴールディング　204
『にんじん』ルナアル　206

6 風土の研究

歩いてみなけりゃわからない。
この国の人と自然と歴史と文化。……209

『富嶽百景』太宰治 210
『武蔵野』国木田独歩 212
『城の崎にて』志賀直哉 214
『ビルマの竪琴』竹山道雄 216
『夜明け前』島崎藤村 218
『武士道』新渡戸稲造 220
『日本美の再発見』ブルーノ・タウト 222
『文明の生態史観』梅棹忠夫 224
『紀州』中上健次 226
『あゝ野麦峠』山本茂実 228
『北越雪譜』鈴木牧之 230
『雪』中谷宇吉郎 232
『日本奥地紀行』イザベラ・バード 234
『関東大震災』吉村昭 236
『「空気」の研究』山本七平 238
『沈黙の春』レイチェル・カーソン 240
『日本の歴史をよみなおす（全）』網野善彦 242
『菊と刀』ルース・ベネディクト 244
『日本沈没』小松左京 246

7 家族の行方

夫婦のいさかい、親子の争い、家計の破綻。どこのおうちも一皮むけば。……249
『黒い雨』井伏鱒二 250
『楢山節考』深沢七郎 252
『夫婦善哉』織田作之助 254
『手袋を買いに』新美南吉 256
『あ・うん』向田邦子 258
『不如帰』徳冨蘆花 260
『花と龍』火野葦平 262
『どくろ杯』金子光晴 264
『ノラや』内田百閒 266
『抱擁家族』小島信夫 268
『土』長塚節 270
『氷点』三浦綾子 272
『杏っ子』室生犀星 274
『人形の家』イプセン 276
『大地』パール・バック 278
『嵐が丘』エミリー・ブロンテ 280
『カラマーゾフの兄弟』ドストエフスキー 282
『楡家の人びと』北杜夫 284
『子をつれて』葛西善蔵 286
『業苦』嘉村礒多 288
『死の棘』島尾敏雄 290
名作のエンディングについて 293
文庫版のためのあとがき 300

名作うしろ読み

1 青春の群像

失恋はする、悩みはつのる、すぐ死にたがる。
青春ってやつはもう……。

だから清の墓は小日向の養源寺にある。

『坊っちゃん』（一九〇六年）夏目漱石

『坊っちゃん』はなぜ「坊っちゃん」？

東京の物理学校を卒業し、新米の数学教師として四国松山の旧制中学に赴任した坊っちゃん。夏目漱石『坊っちゃん』が誕生して一〇〇年余。松山はいまも坊っちゃんの町である。坊っちゃん列車、坊っちゃんスタジアム、そして名物の坊っちゃん団子！

ところで『坊っちゃん』はなぜ「坊っちゃん」なのだろうか。

『坊っちゃん』は「おれ」が語り手をつとめる一人称小説だ。校長の狸、教頭の赤シャツ、同僚のうらなり、のだいこ、山嵐、そしてうらなりの婚約者のマドンナら、作中にはあだ名で呼ばれる多くの人物が登場するが、それは「おれ」が勝手につけたニックネームであって、中学校の悪童たちが彼につけたあだ名は「赤手拭」だ。『吾輩は猫である』の猫と同様「おれ」自身には名前がない。それなのになにゆえ、坊っちゃん？

小説をうしろから読み直すと、ようやく理由は判明する。

〈清のことを話すのを忘れていた〉と前置きして彼が最後に語るのは、終生「おれ」の味方だったばあやの清《きよ》のことである。〈死ぬ前日おれを呼んで坊っちゃん後生だから清が死んだら、坊っちゃんのお寺へ埋めてください。お墓の中で坊っちゃんの来るのを楽しみに待っておりますと言った。だから清の墓は小日向の養源寺にある〉。

そう、彼を「坊っちゃん」と呼んだのは清だった。亡き清だけだったのである。それを念頭に読み直すと、痛快な勧善懲悪劇という『坊っちゃん』のイメージは修正を迫られる。『坊っちゃん』は一度は書きかけて挫折した清への長い手紙、あるいは追悼だったのではないか。大好きなばあやの前で懸命に虚勢を張る男の子、の像が浮かび上がってくる。

〈親譲りの無鉄砲で子供の時から損ばかりしている〉という冒頭の一文で、私たちは「おれ」を快活な熱血漢と思いこんできた。が、近年の文学研究では『坊っちゃん』は暗さを秘めた敗者の文学だとする見方が広まりつつある。「おれ」にとってのマドンナは清だった。だから小説は松山ではなく、東京の墓の話で終わるのである。

この「だから」を日本文学史上もっとも美しい「だから」だと評したのは井上ひさし『自家製文章読本』。その通りだと思う。

●夏目漱石（なつめ・そうせき　一八六七〜一九一六）主な作品は『吾輩は猫である』『こころ』『明暗』等。松山や熊本で英語教師として勤務後、イギリスに二年間留学。帰国後、ラフカディオ・ハーンの後任として東大で教鞭をとるも、作家に転向し、数々の名作を生んだ。

●出典…角川文庫など

読者は無用の臆測をせぬが好い。

『雁』（一九一五年）森鷗外

サバの味噌煮がもたらした悲劇

漱石の描く青年たちがいまもそれなりに愛されているのに対し、鷗外が描く青年たちは概して評判が悪い。彼らはイケメンでモテすぎるのだ。出世と恋を天秤にかけたら、出世をとりそうなタイプ。『舞姫』もそう。『青年』もそう。『雁』もその系統かもしれない。

〈古い話である。僕は偶然それが明治十三年の出来事だと云うことを記憶している〉と書き出されているように、小説は語り手の「僕」が同じ下宿の医学生・岡田と無縁坂の「格子戸のある家」に住むお玉のことを、第三者の立場から報告する形で書かれている。

岡田は美男だ。お玉は毎日家の前を通る岡田に思いを寄せていた。小鳥を襲おうとした蛇を岡田が退治したのを機にふたりは一瞬近づくが、それ以上は進まない。「高利貸しの妾」という境遇から逃れたいお玉はしかし、ある日意を決して、岡田を家の外で待っていた。

ところがその日、下宿で「僕」の嫌いなサバの味噌煮が出たのである。外で食事をしようと「僕」は岡田を誘っていつもの道に出たが、「僕」というお邪魔虫のおかげで、お玉は岡田に声がかけられない。しかもその日は洋行を控えた岡田が下宿を引き払う前日だった。

夕飯のおかずが招いたボタンのかけちがい。サバの味噌煮がもたらした悲劇！

『雁』はしかし、妙な終わり方をする。この小説ができるまでの経緯を「僕」が読者に直接説明するのである。半分は自分で見た話、半分は後にお玉と知り合って聞いた話だと。読者は当然疑問をもつ。えーっ、あなたはいつどうやってお玉と知り合ったわけ？

言い訳がましく「僕」は答える。それは物語の範囲外だ。〈只僕にお玉の情人になる要約の備わっていぬことは論を須《ま》たぬから、読者は無用の臆測をせぬが好い〉。

余計な気を回しなさんな。岡田とちがって、自分にお玉の情人になれる条件がないことはわかりきっているではないか、とね。そういわれると、かえって気になる。

思えば『雁』には天然キャラの岡田に対する軽い嫉妬が流れている。お玉の恋路を「僕」は最初から邪魔したかったのではないか。女に選ばれなかった男が、読者に八つ当たりしているような終わり方だ。

『雁』というタイトルは、岡田が投げた石が池の雁に当たって死なせてしまうくだりに由来する。雁はもちろんお玉のメタファ。「僕」も岡田もやはりちょっとヤな男である。

●森鷗外（もり・おうがい　一八六二～一九二二）主な作品は『舞姫』『ヰタ・セクスアリス』『高瀬舟』等。軍医として陸軍に入る。軍医総監、医務局長という軍医として最高の地位に上りつめながら、翻訳、創作、評論など多岐にわたる文筆活動でも数々の功績を残した。
●出典…新潮文庫など

風の余りらしいものが、私の足もとでも二つ三つの落葉を他の落葉の上にさらさらと弱い音を立てながら移している……。

『風立ちぬ』（一九三八年）堀辰雄

結核の婚約者を送った後で

〈風立ちぬ、いざ生きめやも〉というポール・ヴァレリーの詩からとった一節を印象的に覚えている読者も少なくないだろう。堀辰雄『風立ちぬ』の舞台は八ヶ岳山麓。結核でサナトリウムに入った婚約者・節子との最後の日々をつづった自伝的小説である。

〈それらの夏の日々、一面に薄《すすき》の生い茂った草原の中で、お前が立ったまま熱心に絵を描いていると、私はいつもその傍らの一本の白樺の木蔭に身を横たえていたものだった〉ではじまる冒頭からしてロマンチックな叙情画、というより昔の少女マンガのよう！もっとも、この直後には一陣の風が吹き、節子のキャンバスが倒れるという不吉な出来事が報告される。『風立ちぬ』では、ここぞという場面でよく風が吹くのである。

そんなわけなので、小説の末尾も風である。節子はすでに亡く、「私」は浅間山麓に滞在している。そこは静かだ。〈遠くからやっと届いた風〉が枯れ枝を鳴らす。〈また、どうかするとそんな風の余りらしいものが、私の足もとでも二つ三つの落葉を他の落葉の上にさらさらと弱い音を立てながら移している……〉

このラストには万感の思いがこもっていると見るべきだろう。というのも、『風立ちぬ』の中で「私」は自分と節子のことを小説に書こうとしており、しかも結末をどうするかで悩んでいたからである。死の床にある恋人に〈おれにはどうしても好い結末が思い浮ばないのだ〉と相談する男ってのもどうかと思うが、「風の余り」という表現は、彼の心からはもう嵐が去っていることを示していよう。少女趣味的に解釈すれば、この「風の余り」は亡き節子からのメッセージと受け取れぬこともない。落ち葉を小さくゆらす風となり「ほら、私はあの夏の日と同じようにここにいるわ」とささやく節子……なんてね。

もっともこれではまるで、私はお墓の中にはいませんと歌う、あの「千の風になって」である。小説の中の節子は、そもそも最初から最後まで小さな風のように存在感がない。美しすぎる結末に「私」は満足したろうが、節子はどうだったのだろうか。

小説は節子の死を直接的には描かない。一九三五年一二月五日を最後に節子の姿は消え、最終章は翌三六年一二月。ラストは一二月三〇日である。この日が節子の命日なのだろうか。

●堀辰雄（ほり・たつお　一九〇四～一九五三）主な作品は『聖家族』『菜穂子』等。旧制一高在学中に室生犀星、芥川龍之介の知遇を得、芥川の自殺に材をとった『聖家族』で文壇に認められる。結核のため療養生活を送りつつ執筆するも四八歳で死去。
●出典…集英社文庫など

そして私は活動写真の看板画が奇体な趣きで街を彩っている京極を下って行った。

『檸檬』（一九二五年）梶井基次郎

じつは格差社会を撃つ小説？

梶井基次郎の作品は短いけれど難解だ。『檸檬』もそうで、丸善の本の棚にレモンを置く、それがどうしたと高校生の私は首をひねった覚えがある。

小説は〈えたいの知れない不吉な塊が私の心を始終圧えつけていた〉と書き出される。そのおかげで「私」はかつて好きだったセレブでオシャレな（上位の）世界を楽しめなくなっている。そのかわり、みすぼらしくて安っぽい（下位の）世界にひかれている。〈どうしたことだろう〉と「私」は考える。〈私の心を充していた幸福な感情はだんだん逃げて行った。香水の壜にも煙管《きせる》にも私の心はのしかかってはゆかなかった〉。

久しぶりに読み直して、おおーと思った。『檸檬』は格差社会を撃つ小説だったのではないか。

洋書や輸入文具を扱うオシャレな店の代名詞だった当時の丸善。その丸善に「私」は町の八百屋で買った〈黄金色に輝く恐ろしい爆弾〉をしかけ、〈あの丸善が美術の棚を中心として大爆発をするのだったらどんなに面白いだろう〉という空想にひたるのだ。

〈私はこの想像を熱心に追求した。「そうしたらあの気詰りな丸善も粉葉《こっぱ》みじんだろう」／そして私は活動写真の看板画が奇体な趣きで街を彩っている京極を下って行った〉

ここで小説は終わる。セレブな世界に爆弾をしかけた「私」は再び俗悪な世界に戻っていくのである。「丸善の美術の棚」と「活動写真の看板画」というコントラスト。このラストを視野に入れるとき、『檸檬』はがぜん社会性を帯びはじめる。

『檸檬』が書かれた大正末期から昭和初期にかけては華やかなモダニズム文化が都市で開花する一方、『女工哀史』に象徴される貧困も顕在化した格差社会（階級社会）の時代だった。三高から東京帝大に進みながら肺病と借金に苦しんでいた、当時二三歳の梶井基次郎。イメージの中だけとはいえ、「私」がしかけたレモン爆弾には、自身の「不吉な塊」と同時に丸善的なる気取った世界を破壊したいという衝動が感じられる。バカヤロー、何が舶来品じゃ。こういう衝動を持った青年なら、現代の都市にもいそうじゃない？

『檸檬』と同じ年に刊行された細井和喜蔵『女工哀史』は、紡績女工らの労働実態を描いたノンフィクション。『檸檬』との間に接点なんかないと思っていたけれど、でも、である。

●梶井基次郎（かじい・もとじろう　一九〇一～一九三二）主な作品は『桜の樹の下には』等。一〇代で胸を病み、病と苦闘しながら執筆を行った。志賀直哉やボードレールから影響を受ける。肺結核で亡くなる直前、ようやく文壇に認められ、死後その評価は高まった。
●出典…ちくま文庫『梶井基次郎全集　全一巻』など

彼はあの冒険を切り抜けたのが自分の力であることを知っていた。

『潮騒』（一九五四年）三島由紀夫

戦後らしさが息づく小島の恋

三島由紀夫『潮騒』は美しい島の情景からはじまる。〈歌島《うたじま》は人口千四百、周囲一里に充《み》たない小島である〉歌島のモデルになったのは伊勢湾口の神島（三重県鳥羽市）。小説では観光案内のような描写の後に〈一人の漁師の若者〉が登場し、やがて彼の目を通して〈一人の見知らぬ少女〉が現れる。舞台が先にあって、しかる後に物語が生まれる。この島が作家に強いインスピレーションを与えたのはまちがいないだろう。

主人公の久保新治は漁師、ヒロインの宮田初江は海女。まだ一〇代のふたりの出会いから婚約までを描いた『潮騒』は恋愛小説ともいえないほどのシンプルな物語であり、古代ギリシャの物語『ダフニスとクロエ』に比されたりもする。

だが、実際にはそれほど古典的でも牧歌的でもなく、随所で「戦後」が息づいている。象徴的なのは、ふたりが思いをたしかめあう場所が「観的哨跡《かんてきしょう》」であることだろう。敗戦までは対岸から発射された試射弾の着弾点を観察する陸軍の施設だった観的哨。廃墟と化したその場所で、初江は新治に〈その火を飛び越して来い〉と呼びかけるのだ。戦争はすでに過去。彼らもまた翌年発表された『太陽の季節』と同じアプレゲール（戦後世代）なのだ。

最後のシーンでも、ふたりのプライドが交錯する。初江の写真を上着の内ポケットに、海での危機を乗りこえた新治。自分の写真が恋人を守ったと考えた初江の目には〈矜《ほこ》りがうかんだ〉が、事態をひっくり返すように、小説は、しかし、と続くのだ。

〈若者は眉を聳やかした。彼はあの冒険を切り抜けたのが自分の力であることを知っていた〉

おっと眉をそびやかすのか！　草食系だった男子がいきなり肉食系に変貌したような感じ。

一見素朴だが、新治は一等航海士の資格をとって石炭の輸送船を買うという野望を抱いた若者だ。一方、初江は船主の娘である。その夫に選ばれた新治は、きっとこの後、事業をがんがん拡大し、すべての成功を「自分の力である」と信じる剛腕の社長になっただろう。日本経済を牽引した世代の恋。ラストの一言が高度経済成長開幕宣言に見えてくる。

神島は伊良湖と鳥羽を結ぶ伊勢湾フェリー上から見ることができる。吉永小百合&浜田光夫主演（六四年）、山口百恵&三浦友和主演（七五年）の映画のロケもここで行われた。

●三島由紀夫（みしま・ゆきお　一九二五～一九七〇）主な作品は『仮面の告白』『金閣寺』『豊饒の海』等。劇作家としても『鹿鳴館』『近代能楽集』等の名作を生んだ。六〇年安保後、右翼的傾向を強め、民兵組織「楯の会」を発足。自衛隊市ヶ谷駐屯地で割腹自決した。

●出典：新潮文庫など

幽明遥《はる》けく隔つとも僕の心は一日も民子の上を去らぬ。

『野菊の墓』（一九〇六年）伊藤左千夫

●過ぎ去った純愛は美しい

「民さんは野菊のような人だ」「政夫さんはりんどうのような人だ」

そんな幼い愛の告白シーンで知られる純愛小説、伊藤左千夫『野菊の墓』は、はじめて（改めて）読むと「えっ、これだけ？」というようなお話である。

「僕」こと政夫は小学校を出たばかりの満一三歳。従姉の民子は一五歳。ふたりは大の仲良しだったが、親しくなりすぎることを恐れた母の手で政夫は中学校に追いやられ、一方民子は嫁にやられ、流産して死んでしまう。死の床で民子は政夫の写真と手紙を抱いていた……。

たしかに悲恋ではある。悲恋ではあるのだが、周囲がふたりを裂いたのは民子が政夫より年上だという一点だけで、ドラマチックな要素にいまいち欠ける。それでもこの作品が読者の心を打つとしたら「僕」の回想形式で書かれているためだろう。

〈後《のち》の月という時分が来ると、どうも思わずにはいられない〉

これが書き出し。「後の月」とは十三夜、すなわち月見の行事が行われる旧暦の九月一三日のこと。政夫と民子が連れだって山を歩いた日、「民さんは野菊」「政夫さんはりんどう」

と告白しあったその日のことを、「僕」は一〇年以上たった時点から、〈悲しくもあり楽しくもありというような状態《ありさま》〉で回想しているのである。

小説は最後で再び現在に戻ってくる。よって末尾も「僕」の感慨である。〈幽明遥《はる》けく隔つとも僕の心は一日も民子の上を去らぬ〉

「幽明遥けく隔つとも」とは「死がふたりを分かつとも」くらいの意味。永遠の愛の誓いみたいだが、しかし純愛を貫いたわけでもなくて〈僕は余儀なき結婚をして長らえている〉。

余裕しゃくしゃくの書き出しと大仰で慇懃な末尾は幼い悲恋を縁取るいわば「額縁」だ。過ぎ去った日の甘美な思い出だからこそ、それは一幅の絵と化し、存分に涙をしぼれるわけだね。

近年、同じ手法で成功したのは片山恭一『世界の中心で、愛をさけぶ』である。生き延びた男が語る死んだ女との恋。「一日も民子の上を去らぬ」なんて……本気のわけないじゃん。

小説の舞台は千葉県松戸市。千葉県を代表するご当地文学は『南総里見八犬伝』と『野菊の墓』の二つだろう。作中に出てくる「矢切の渡し」では、現在も渡し舟が運航されている。

●伊藤左千夫（いとう・さちお　一八六四〜一九一三）主な作品は『隣の嫁』『春の潮』等。正岡子規に師事し、『万葉集』の研究に参加。子規没後は雑誌「馬酔木」を創刊、作歌と『万葉集』研究の両面で活躍。『野菊の墓』は初の小説として「ホトトギス」に発表された。
●出典…集英社文庫など

神よ助け給え。

『友情』(一九二〇年) 武者小路実篤

ストーカー男子の妄想と孤独

武者小路実篤『友情』はかつて『坊っちゃん』や『伊豆の踊子』と並ぶティーンエイジャーの必読図書だった。失恋した主人公がベートーヴェンの像を叩き割る結末は、私もうっすら覚えている。が、ン十年ぶりに再読して驚いた。こんなにアブナイ小説だったなんて。

〈野島が初めて杉子に会ったのは帝劇の二階の正面の廊下だった〉

これが書き出し。このとき杉子は一六歳。野島は二三歳。以後彼は「杉子萌え～☆」の状態になってしまうのであるが、親友の大宮に恋愛相談をもちかけるばかりで、彼女とはろくに言葉もかわせない。そのくせ彼は、女性と見れば結婚を考えるタイプ。妄想だけは果てしなく広がっていくのである。野島、いまの言葉でいえば、ストーカー体質だ。

そんな野島に小説は残酷な結末を用意する。

じつは相思相愛だった親友の大宮と杉子。ふたりの仲を知った野島は大宮がパリから送ってきたベートーヴェンのマスクを庭石に叩きつけ、大宮に手紙を書く。〈君よ、仕事の上で決闘しよう〉〈僕のことは心配しないでくれ、傷ついても僕は僕だ〉。

ここで終わればカッコよかったのに、野島は泣く。泣きながら日記に書くのである。〈自分は淋しさをやっとたえて来た。今後なお耐えなければならないのか、全く一人で。神よ助け給え〉。

学習院の出身者らでつくられた文学の同人・白樺派。武者小路実篤は、その中心的な存在だった。愛する人と親友に裏切られてもなお彼らをうらまず、神に救いを求めるあたりに、白樺派の理想主義があらわれている、と読むべきなのか。

三角関係を描いたこの作品の表題が『友情』である点に注意したい。主題はあくまで男同士の友情（の強さと試練）で、失恋は最大の関心事ではないのである。ひとりでさびしさに耐えなければならないのかという嘆きも、恋愛以上に、何でも相談できる親友を失った痛みのほうが大きいように見える。親友への虚勢を張った手紙と、日記につづられた情けない心情との落差。神に助けを乞うほどの苦痛。見栄っ張りな男の子の悲劇である。

小説は野島の手紙と日記で終わるが、興味深いのは手紙を読んだ大宮の反応である。野島の怨念に震え上がり、やはり「神よ助け給え」と思ったんじゃないか。友情おそるべし！

●武者小路実篤（むしゃのこうじ・さねあつ　一八八五〜一九七六）主な作品は『お目出たき人』『愛慾』等。志賀直哉らと「白樺」を創刊、白樺派の中心的役割を担った。平和で理想的な共同生活を目指した「新しき村」設営に没頭。その後も、旺盛に作品を執筆した。
●出典…新潮文庫など

遂にこう決心して、そして一《ひ》と先《まず》二階へ戻った。

『浮雲』（一八九一年）二葉亭四迷

●リストラされた負け組男子の胸中は

名作は読んでみなくちゃわからない。二葉亭四迷『浮雲』は言文一致体による初の小説、日本近代文学の祖、である。それが、こんなお話だと誰が想像するだろう。

ご大層な序文の後、仕事を終えて官僚たちが役所を出てくる場面から小説ははじまる。〈千早振《ちはやふ》る神無月《かみなづき》ももはや跡二日《ふつか》の余波《なごり》となッた二十八日の午後三時頃に、神田見附《かんだみつけ》の内より、塗渡《とわた》る蟻《あり》、散る蜘蛛《くも》の子とうようよぞよぞよ沸出《わきい》でて来るのは、孰《いず》れも顋《おとがい》を気にし給《たま》う方々〉

ときは晩秋。神田見附の内とは現在の千代田区大手町あたりである。この役人の集団にまじっていたのが主人公の内海文三《うつみぶんぞう》、二三歳。叔父の家に下宿して下級官僚になった青年である。だがその日、彼は役所をリストラされていた。

ここから彼の苦悩がはじまる。悩みとは主に女の子のことだ。結婚するつもりだった従妹のお勢が、失業以来冷たくなり、しかも彼女が元同僚の本田に急接近しているのが、文三にはおもしろくない。で、お勢を浮気者呼ばわりしたあげく、スネて自室にとじこもる。『浮雲』は非モテ男のひきこもり小説だったのだ。

物語は文三がお勢にもう一度話をして、ダメだったら叔父の家を出ようと決心するところで唐突に終わる。〈今一度運を試して聴かれたらその通り、若し聴かれん時にはその時こそ断然叔父の家を辞し去ろうと、遂にこう決心して、そして一《ひ》と先《まず》二階へ戻った〉。ウジウジとしたこの態度。ひとまず二階……とかいわないで、さっさと彼女を追いかけたらいいじゃないの！　と思ってしまうが、このウジウジぶりが表現史的には画期的だった。文語体ではじまった小説が、書き終わりは言文一致の口語体。悩める青年の内面を描くことなどそれまでの文学ではありえず、そして内面を描くためには言文一致体が必要だったのだ。

立身出世コースから落ちこぼれた「負け組」の文三。俗物だが「勝ち組」の本田。ふたりの男を天秤にかける一八歳のお勢。内容的には現代のテレビドラマみたい。この現代性ゆえ、彼が二階に戻って以来、近代文学は幾多の内海文三を生むことになったのである。

じつは未完ともいわれている作品。しかし物語の結末を放棄したような、あるいは読者にゆだねたような、プツンと終わる終わり方（オープン・エンディング）も現代小説っぽい。

●二葉亭四迷（ふたばてい・しめい　一八六四〜一九〇九）主な作品は『平凡』『あひゞき』等。ロシア文学から強い影響を受け、坪内逍遥とも深く親交を結んだ。言文一致体で書かれた『浮雲』は日本の近代小説の先駆けと言われている。ツルゲーネフの翻訳でも有名。
●出典：新潮文庫など

若者はその歴史の扉をその手で押し、そして未来へ押しあけた。

『竜馬がゆく』（一九六六年）司馬遼太郎

●後の龍馬（竜馬）像はこの本で固まった

自由人で型破りで柔軟な発想の持ち主で、しかも女性にモテモテで、でも少年時代はおねしょをしてて、という今日の坂本龍馬像はこの本によるところが大きい。司馬遼太郎『竜馬がゆく』。文庫本で全八冊（単行本では全五巻）にわたる大著である。

〈「小嬢《こいと》さまよ」／と、源爺《げんおん》ちゃんが、この日のあさ、坂本家の三女の乙女《おとめ》の部屋の前にはいつくばり、芝居もどきの神妙さで申しあげたものであった〉

これが書き出し。竜馬一九歳。剣術修業に江戸へ発つ朝の話である。旅立ちのはなむけにと思ったか、竜馬びいきの老僕（源爺ちゃん）が、庭の桜に紙でつくった花を咲かせて、やはり竜馬びいきの乙女を驚かす。こんなくだけた逸話ではじまることからも『竜馬がゆく』の大衆小説らしさがうかがえよう。竜馬を慕う「お田鶴さま」も架空の人物。スタート時点のこの作品は、歴史上の「龍馬」ならぬ「竜馬」を描いた娯楽性の強い青春小説だったのだ。

しかし、巻が進むにつれて史実の叙述が多くなり、竜馬も歴史とのかかわりを深めてゆく。薩長連合を成立させ、大政奉還の筋書きを書き、だが自分は政治より貿易に興味があるといい……。「近江路」と題された最終章など、もはや完全な歴史感動巨編のおもむきだ。

近江屋で竜馬が暗殺された件にふれた後、語り手は感極まっていうのである。〈天が、この国の歴史の混乱を収拾するためにこの若者を地上にくだし、その使命がおわったとき惜しげもなく天へ召しかえした〉。そしてラストを飾る渾身の一文。〈しかし、時代は旋回している。若者はその歴史の扉をその手で押し、そして未来へ押しあけた〉。

主人公の死を、人生の終わりではなく、歴史のはじまりと考える。この瞬間、「歴史を変えた男」としての竜馬（または龍馬）像がたぶん固まったのである。

『竜馬がゆく』の欠点はおもしろすぎることだろう。龍馬ならぬ竜馬が読者の共感を呼ぶのは、彼の行動原理が近代人だからである。が、それは司馬史観による龍馬ならぬ竜馬像。虚像だとまではいわないが、冒頭で源爺ちゃんが桜の木に咲かせた「紙の花」みたいなものかな。

ベンチャーマインドを刺激されるのか、『坂の上の雲』と並んで経営者が愛読書によくあげる本。累計で二〇〇〇万部超のロングセラー。司馬遼太郎作品の中ではいちばん人気だそうだ。

●司馬遼太郎（しば・りょうたろう　一九二三〜一九九六）主な作品は『梟の城』『燃えよ剣』『坂の上の雲』等。産経新聞社在職中、『梟の城』で直木賞を受賞し作家生活に入る。独自の歴史観で既存の歴史小説に新風を吹きこみ、話題作を量産した。文明批評の著作も多い。
●出典…文春文庫など

この私に残された望みといっては、私の処刑の日に大勢の見物人が集まり、憎悪の叫びをあげて、私を迎えることだけだった。

『異邦人』（一九四二年）アルベール・カミュ

「理由なき殺人者」の心の叫び

〈きょう、ママンが死んだ〉

窪田啓作の訳（一九五四年・新潮文庫）による、あまりにも有名な冒頭部分。カミュ『異邦人』。格調の高い邦題にオシャレな書き出し。難解で高尚な文学というイメージかもしれないが、これは二一世紀のいま読むのにふさわしい小説だ。

主人公のムルソーは会社の休みをとり、養老院で死んだ母の葬儀に出席した。翌日は海水浴に行き、女の子と映画を見て笑いころげ、その夜ふたりは寝た。ところが後日、彼は隣人のトラブルに巻き込まれ、図らずもピストルでアラブ人を撃ってしまう。逮捕された彼を待っていたのは不利な証言の数々だった。母の葬式で泣かなかった、煙草を吸っていた、葬式の翌日に恥ずべき行為にふけった……。敵意が集中し、陪審員は彼に死刑を宣告する。

殺人の動機を問われたムルソーは「太陽のせいだ」と答えるが、いまの感覚だと、これは「理由なき殺人」に近い。ムルソーの無関心な態度はいまどきの若者そのもの、老人介護施設で暮らす母と子の関係も、犯罪者を異常人格と決めつける雰囲気も、まるで現代だ。

表題の異邦人（エトランジェ＝L'Étranger）とは共同体から排除された者、くらいの意味。英語式にいえばストレンジャー（The Stranger）だ。もし書き出しが「きょう、オカンが死んだ」で、一人称が「おいら」だったら、印象はちがったかもしれない。ムルソーは少し変わったところはあるが、プレゼンテーションが下手な普通の若者なのだ。

独房の中でいじけていた彼が〈はじめて、世界の優しい無関心に、心をひら〉くのは、死刑宣告の後だった。そのときはじめて、彼は自分の居場所と希望を見つける。〈私がより孤独でないことを感じるために、この私に残された望みといっては、私の処刑の日に大勢の見物人が集まり、憎悪の叫びをあげて、私を迎えることだけだった〉

悪者になることで世間に注目されたい。孤独でいるよりはずっといい。最後の一節は、「死刑になりたかった」と口にする、二一世紀の殺人者を連想させないだろうか。

英語版の序文で〈母親の葬儀で涙を流さない人間は、すべてこの社会で死刑を宣告されるおそれがある〉とカミュは書いている。司法とジャーナリズムへの警告とも受け取れる。

●アルベール・カミュ（一九一三〜一九六〇）主な作品は『シーシュポスの神話』『ペスト』『転落』等。アルジェリア生まれ。新聞記者として働く傍ら、創作をした。『異邦人』で世界的名声を得て、一九五七年ノーベル文学賞を受賞するも、六〇年に交通事故で急逝。
●出典…新潮文庫（窪田啓作訳）

勇者は、ひどく赤面した。

『走れメロス』（一九四〇年）太宰治

「裸」の勇者が「衣」を手に入れるまで

暴君を殺そうとして磔刑《たっけい》をいいわたされたメロスが、妹の婚礼に出るために、親友のセリヌンティウスを人質に置いて帰郷し、それが終わるや親友を助けるべく野山を走り続ける。太宰治『走れメロス』は中学二年の国語教科書の定番教材だ。

〈メロスは激怒した〉という書き出しもだが、この小説はラストも印象的である。親友のために走り続けたメロスと、友を信じたセリヌンティウスの友情に感動して王はいう。「どうか、わしも仲間に入れてくれまいか。どうか、わしの願いを聞き入れて、おまえらの仲間の一人にしてほしい」。「万歳、王様万歳」と叫ぶ群衆。大団円である。

だが、小説はここで終わらない。〈ひとりの少女が、緋のマントをメロスに捧げた。メロスは、まごついた。佳き友は、気をきかせて教えてやった。／「メロス、君は、まっぱだかじゃないか。早くそのマントを着るがいい。この可愛い娘さんは、メロスの裸体を、皆に見られるのが、たまらなく口惜しいのだ。」〉。そして最後の一文。〈勇者は、ひどく赤面した〉。

かつての教科書には、（裸は教育上よろしくないという理由で？）この部分をカットして載せていたのもあったらしい。「万歳、王様万歳」で終わったら、『走れメロス』は友情を讃美する物語、メロスは王を改悛させた英雄である。

だけど、ラストは単なるオチなのか。「君は裸だ」と指摘した「佳き友」とは、セリヌンティウスではなく王様だろう。「裸の王」ならぬ、これは「裸の勇者」のお話なのだ。

小説が〈激怒した〉ではじまり〈赤面した〉で終わる点に注目したい。赤い顔で激怒していた赤子のようなメロスが最後は赤い顔で恥じ入る。いいかえれば、単純だった若者が「見られている自分」に気づく。感情のままに猪突猛進する心身ともに「裸」だった若者が、最後に「衣」を手に入れる物語。この瞬間、メロスはコドモからオトナに変わるのである。それを成長ととるか俗化と解釈するかは微妙なところ。カッとなって城に乗り込むメロスはそもそも「キレる中学生」みたいなやつだった。その恥ずかしさに中学生は気づくかな。

この結末でもうひとつ考えるべきは、王が本当に改悛したかどうかだろう。二人の若者をパフォーマンスに利用するくらい、権力者なら朝飯前だ。実際、圧政が終わったとはどこにも書かれていない。

●太宰治（だざい・おさむ　一九〇九～一九四八）主な作品は『斜陽』『人間失格』等。青森の大地主の家に生まれ、実母が病弱ゆえに乳母に育てられる。自殺未遂や女性との心中未遂を繰り返す。流行作家として活躍したが、一九四八年、山崎富栄と玉川上水で入水心中。
●出典…文春文庫など

頭が澄んだ水になってしまっていて、それがぽろぽろ零《こぼ》れ、その後には何も残らないような甘い快さだった。

『伊豆の踊子』（一九二六年）川端康成

●ラストはまさかのBL小説!?

川端康成が「新感覚派」と呼ばれる理由は『伊豆の踊子』を読むとよくわかる。

〈道がつづら折りになって、いよいよ天城峠《あまぎとうげ》に近づいたと思う頃、雨脚《あまあし》が杉の密林を白く染めながら、すさまじい早さで麓《ふもと》から私を追って来た〉

この書き出しは、衛星画像で空から峠を見ているような錯覚を起こさせる。雨脚を擬人化するなど、それまでの日本語ではありえない表現法だっただろう。

二〇歳の旧制高校生が旅先の伊豆で出会った旅芸人の一行の少女に淡い恋をする。そんなふれこみの『伊豆の踊子』だが、踊子に対する「私」の気持ちが恋かどうかは微妙である。むしろ温泉場の脱衣所で裸の踊子が手をふる姿を見て、つまり彼女が恋愛の対象にならないほど幼いと知って、「私」の屈託は晴れてゆくのだ。ときは朝。天城峠を越えて、その先は海へと続く道。伊豆半島の地形と天候は主人公の気分とも重なり合う。

最後の場面は一転、暗い船室である。一行と別れ、下田から東京行きの船に乗った「私」はぽろぽろ涙を流している。隣には進学先の入学準備で東京に行く少年が寝ていた。

「何か御不幸でもおありになったのですか」「いいえ、今人と別れてきたんです」

そして「私」は少年がくれた海苔巻きを食べ、〈少年の学生マントの中にもぐり込〉むのだ。いささか危ない行動だが、主人公は気にしない。〈真暗ななかで少年の体温に温まりながら、私は涙を出委《でまか》せにしていた。頭が澄んだ水になってしまっていて、それがぽろぽろ零《こぼ》れ、その後には何も残らないような甘い快さだった〉。

この表現も相当に「新感覚派」である。頭が水になってこぼれ出るのだ。まるで春先の雪解け並みの涙である。

波止場での別れではなく船室の場面で終わるのは、異境から日常へと「私」を帰す必要があったからだろう。伊豆での数日は一時の夢。この船は『雪国』のトンネルといっしょである。にしても途中まではロリコン小説、最後はボーイズラブ小説⁉ 大丈夫かな、この一高生。

田中絹代、美空ひばり、鰐淵晴子、吉永小百合、内藤洋子、山口百恵。映画では各時代のトップアイドルが主役を演じた青春小説。天城トンネルはいまも徒歩で通れる。

●川端康成（かわばた・やすなり　一八九九〜一九七二）主な作品は『雪国』『山の音』『眠れる美女』等。幼くして両親をなくし、一〇代から早熟な文才を発揮した。一九六八年、日本人として初のノーベル文学賞を受け世界的な名声を得るも、七二年にガス自殺。
●出典…新潮文庫など

ギーベンラート氏は（略）ただぼんやりと重たい足を引きずって、住みなれた自分の生活のある町のほうへおりていった。

『車輪の下』（一九〇六年）ヘルマン・ヘッセ

学歴と大人の見栄につぶされて

ヘルマン・ヘッセ『車輪の下』。かつて日本の中学生や高校生に非常によく読まれたドイツ文学の名作である。猛勉強の末に難関の神学校に合格したハンス・ギーベンラート。だが、彼は心身を病んで学校を追われ、最後は悲劇的な結末を迎える。

本国のドイツ以上にこの小説が日本で愛読されたのは、学歴社会の中で抑圧を感じる受験エリートの少年たちにとって、ハンスが他人とは思えなかったからだろう。

しかしながら、読み直してみると、寄宿学校での話は真ん中の三章と四章だけ。小説はハンスの父であるギーベンラート氏がどれほど凡俗な人物であるかを強調するところからはじまり、一章と二章で語られるのは、故郷ですごした最後の夏の日々である。進学後に備え、町の牧師や校長の下で勉強するハンス。そんな彼を心配し、靴屋のおじさんのフライクはいう。少年時代は勉強よりも外のいい空気の中で運動するほうが大切なんだと。

一方、五章〜七章は、傷心のハンスが故郷にもどった後の話である。機械工として再出発しようとした矢先、酔っぱらったハンスは川で溺れ死ぬ。なぜこんなことになったのだと嘆くハンスの父・ギーベンラート氏。「ハンスを破滅させたのはあの人たちだ」と葬式に集まった町の牧師や校長を批判した後、靴屋のフライクはギーベンラート氏にいう。

「あなたもわたしも、この子にはもっとしてやることがあったのではないですかな」

靴職人は彼の腕をとるが、〈ギーベンラート氏は、このひとときの静けさと異常に苦しいさまざまの思いからのがれるように、ただぼんやりと重たい足を引きずって、住みなれた自分の生活のある町のほうへおりていった〉。ここで小説は終わる。

階層が下の靴屋にいわれるまで、自分の罪に気がつかなかった父。親にスポットライトが当たるラストから見ると、『車輪の下』の主役はハンスではなく鈍くて傲慢な父親と町のお偉方だったような気がしてくる。自分の名誉のために子どもに過度の期待をかけた大人の罪。あるいはトンビの子に生まれたタカの悲劇。中高生より、むしろ親御さんの必読図書だ。


『少年の日の思い出』で知られるように、自然愛好家だったヘッセ。ハンスが虫や魚と戯れる夏の描写にもその一端がうかがえる。インドアな受験少年はそこにも惹かれた？

●ヘルマン・ヘッセ（一八七七～一九六二）主な作品は『デミアン』『知と愛』『ガラス玉演戯』等。ドイツの作家。牧師を目指し神学校に通うも挫折。町工場や書店で働く傍ら独学で創作に励み、『郷愁』で有名に。一九四六年にゲーテ賞、ノーベル文学賞受賞。
●出典…集英社文庫（井上正蔵訳）

三四郎はなんとも答えなかった。ただ口の中で迷羊《ストレイ・シープ》、迷羊《ストレイ・シープ》と繰り返した。

『三四郎』（一九〇九年）夏目漱石

上京青年は都会の女子に憧れる

大学に入るために九州から上京してきた小川三四郎は、元祖草食男子みたいな純情ボーイ。彼の前に現れた里見美禰子《みねこ》は当世風で都会的なお嬢さま。東京育ちの青年が「都落ち」する『坊っちゃん』とは逆に、夏目漱石『三四郎』は田舎の秀才が東京に出てきて目を白黒させる「上京小説」だ。

三四郎が美禰子をはじめて見かけたのは、上京してまもなくの夏の日だった。大学のキャンパスの池のほとりで、夕陽を避けるかのように団扇《うちわ》をかざす若い女。それが美禰子と知るのは後のことだが、以来、三四郎は彼女を意識しっぱなしである。

広田先生や野々宮さんら、いつものメンバーで団子坂の菊人形を見に出かけた日、三四郎と美禰子は人混みをぬけだし、二人だけになる。美禰子はいう。「迷子の英訳を知っていらしって」「教えてあげましょうか」「迷える子《ストレイ・シープ》——わかって？」。

その後、二匹の羊の絵を添えた葉書なんかも送ってくる美禰子。んもー、思わせぶり！ところが、彼女は自分のことが好きなのかも、と誤解する三四郎を尻目に、美禰子は唐突に結婚してしまうのだ。残ったのは、美禰子をモデルにした一枚の絵。

ラストは、展覧会に訪れた三四郎と友人の与次郎が、この絵の前で語り合う場面である。

〈「どうだ森の女は」／「森の女という題が悪い」／「じゃ、なんとすればよいんだ」／三四郎はなんとも答えなかった。ただ口の中で迷羊《ストレイ・シープ》、迷羊《ストレイ・シープ》と繰り返した〉

額面通りに受け取れば、最後の「迷羊」は絵の題の代案である。しかし、事情はもう少し複雑だ。その絵は、あの夏の日の、団扇を手にした美禰子の姿を描いていたからだ。美禰子がそれを望んだという。ってことは彼女もやっぱり三四郎が好きだった？

ここは解釈の割れるところである。「迷羊」とは愛に迷える美禰子なのか、何かにつけて迷える三四郎なのか。さらに美禰子の気持ちはどこにあったのか。美禰子が誰を好きかは、でも読めばわかると思うんですけどね。三四郎ではないです、私の見立てでは。

「迷羊（迷える羊）」は九九匹をおいても一匹の迷える羊を追うという聖書の言葉。もとは「罪人《つみびと》」の意味だが、『三四郎』ではこの語自体が一種の謎として存在する。

●夏目漱石（なつめ・そうせき　一八六七～一九一六）プロフィールは17ページ参照。
●出典…角川文庫など

そしてわたしは、ジナイーダのためにも、父のためにも、そしてまた、自分のためにも、しみじみ祈りたくなったのである。

『はつ恋』(一八六〇年) ツルゲーネフ

恋敵は実の父だった

年上の女性に恋する少年の物語は、洋の東西を問わず文学のひとつの定番である。ただ、ツルゲーネフ『はつ恋』の場合はいささか事情が込み入っている。

〈その頃わたしは十六歳だった。一八三三年の夏のことである〉

両親とモスクワの南西・カルーガの別荘に滞在していたヴラジーミル・ペトローヴィチは、隣家に住まう令嬢ジナイーダと出会い、たちまち虜になってしまう。ヴラジーミル一六歳。ジナイーダ二一歳。彼女は取り巻きの男たちをまわりにはべらせて、女王様のように振る舞う超タカビーなお嬢様。彼女がほんとに好きなのは誰なのか。ヴラジーミルは悶々とした日々をすごすが、やがて知る残酷な事実。彼の恋敵はなんと実の父親だった！

なんだ、そのスケベジジイはといいたくなるが、父は母と財産目当てで結婚した〈まだ若くて、すこぶる美男子〉な四二歳。ヴラジーミルが年上の女性に恋をしたように、ジナイーダも年上の男性に恋をした。一六歳の少年に勝ち目はない。

さて、これだけでも物語は十分成立したろうに、小説はさらに残酷な結末を用意する。最終章は四年後、大学を出たヴラジーミルは、結婚して誰かの妻となった彼女の消息を知る。しかし、数週間後に訪ねてみると彼女はすでに、この世になく……。結末は『野菊の墓』といっしょ。相手が死ななきゃ悲恋は完結しないとでもいうかのようだ。

ただし、ヴラジーミルも大人になった。貧しい老婆の死にたまたま立ち会った経験から、彼は死が苦しみを救う手段だと知るのである。父の死。好きだった女性の死。彼は考える。〈そうか、これがその解決だったのか！〉。そこまでわかれば、話は早い。きわめて優等生的な感慨で小説は幕を閉じる。〈そしてわたしは、ジナイーダのためにも、父のためにも、そしてまた、自分のためにも、しみじみ祈りたくなったのである〉。

みんな生きていたら、さぞや修羅場になっただろうからな。日本文学にも多大な影響を与えたツルゲーネフ。この人のせいで明治大正の恋愛小説があああなったかと思うと複雑だ。

各自の初恋を中年男たちが披露しあう場面からはじまる小説。テキストの大部分はヴラジーミルの手記。現在から過去をふりかえる形式も『野菊の墓』といっしょである。

●イワン・セルゲーヴィチ・ツルゲーネフ（一八一八〜一八八三）主な作品は『猟人日記』『ルージン』『父と子』等。ロシアの作家。農奴制下に置かれたロシアの農民たちを描いた『猟人日記』で有名に。西欧にロシアの文化や文学を紹介し、西欧文壇に多大な影響を残した。

●出典：新潮文庫（神西清訳）

職人たちが棺を担いだ。聖職者は一人も随行しなかった。

『若きウェルテルの悩み』(一七七四年) ゲーテ

失恋の果てに彼が選んだ道は

書簡体小説は古い形式である。しかし、ゲーテ『若きウェルテルの悩み』を読むと、メールやツイッター全盛の現代に、書簡体は意外に合っているかもしれないと思う。友人のウィルヘルムに「ねえ、君……」「ぼくは……」と語りかける口調。とても一八世紀の物語とは思えない。

さて、若きウェルテルが悩んでいた理由は単純。恋愛である。

親戚の遺産の件で、ある町を訪れたウェルテルは、シャルロッテ(通称ロッテ)という女性にたちまち心を奪われる。しかし、彼女にはアルベルトという婚約者がいた。夢想家のウェルテルとちがい、アルベルトは理性的な大人、申し分のない人物である。傷心のウェルテルは町を出て宮廷に就職するが、上司との対立などもあって退職。結婚したロッテとアルベルトの近くに戻ったあげく、最後はピストル自殺をとげるのだ。

純愛である。悲劇である。しかし、こんなヤツに愛されちゃったロッテも災難だなと思うほど、ウェルテルはウザい青年である。〈決心しました。ロッテ、ぼくは死にます〉ではじまるロッテへの遺書など、特に強烈。〈ぼくら三人のうち、誰か一人が引っ込まなければならない。ぼくがその役を買って出るんだ〉。ああ、この押しつけがましいヒロイズム！
二部になると「編者」が登場、彼の最後の日々を語る。ラストはウェルテルの葬儀の場面である。ロッテは悲しみに打ちひしがれ、アルベルトも妻をひとりにできないと欠席。〈職人たちが棺を担《かつ》いだ。聖職者は一人も随行しなかった〉
ここでプツリと小説は終わる。聖職者が随行しなかったのは、キリスト教会が自殺を是認していないからである。しかし、この寂しい葬式こそ、恋する青年の情熱と名誉の証し。『ウェルテル』の終盤を彩るのは「オシアンの歌」なる、英雄と愛と死を描いた古い叙事詩である。死の前々日、これを読んでテンションを上げるウェルテルとロッテは、まるでカラオケで盛り上がる現代の若者と人妻のようだ。詩に感化されて死を選んだ青年。それにまた感化された後世のおびただしい読者たち。青春の書の感染力はおそろしい。

悲劇は戯曲の専売特許だった時代に、小説でも悲劇が書けると証明した作品。高橋義孝の訳（一九五一年）がラフな口語調を選んだのは、戦後の読者を意識したせいだろうか。

●ヨハン・ヴォルフガング・フォン・ゲーテ（一七四九〜一八三二）主な作品は『ヴィルヘルム・マイステル』『ファウスト』等。ドイツを代表する文豪であり、自然科学者としても成果をあげた。後世の芸術家、思想家に多大な影響を及ぼす。
●出典…新潮文庫（高橋義孝訳）

どうぞわたくしをおゆるし下さいませ。

『草の花』（一九五四年）福永武彦

●亡き友が残したノートの波紋

かつて（いまも熱心な支持者がいるとはいえ）、福永武彦は文学好きな女学生が熱狂的に憧れる作家のひとりだった。『草の花』は中でも特によく知られた作品だ。

語り手の「私」は、東京郊外のサナトリウムで、生きる希望を失ったような汐見茂思《しおみしげし》（三〇歳）と出会った。汐見は成功率が低い肺の手術で術中に死亡し、「私」の手元には「僕が死んだら君にあげる」と託されていた二冊のノートが残った。

かくして開示されるノート。それは〈人はすべて死ぬだろうし、僕もまたそのうちに死ぬだろう〉ではじまり、一冊目には汐見が旧制高校生だった一八歳当時の後輩・藤木忍に対する熱い思いが、二冊目には二四歳の頃の、藤木の妹・千枝子との恋愛の顛末がつづられていた。〈藤木、と僕は心の中で呼び掛けた。藤木、君は僕を愛してはくれなかった。そして君の妹は、僕を愛してはくれなかった。僕は一人きりで死ぬだろう……〉

お、重い。重すぎる。愛の観念は語る。愛情の押し売りはする。死はほのめかす。求愛に応えられない藤木が「そっとしておいてほしいんです」といって逃げたのも、千枝子が「もう会うのをやめましょう」といって別の男と結婚したのも仕方あるまい。

しかし、汐見が愛に固執したのはなぜか。そばに戦争があったからではないのか。戦争と死への恐怖を何度となく語る汐見。ところが彼のノートには兵隊時代のことが書かれていない。千枝子と別れた後に赤紙が来て、孤独の中で入隊したというのにだ。

「私」は千枝子に読む意志があれば汐見のノートを送ると書き送る。返事はつれないものだった。ノートはいらない。〈わたくしがそれを読みましたところで、恐らくは返らぬ後悔を感じるばかりでございましょうから。／どうぞわたくしをおゆるし下さいませ〉。

いかにも平凡な幸福を手に入れた女が書きそうな「おゆるし下さいませ」である。若くして戦争と貧困と疾病で死んだ者（藤木や汐見）から生き延びた者（「私」や千枝子）への告発の書っぽい物語。結語が「どうぞ（生き残った）わたくしをおゆるし下さいませ」に見えてくる。

汐見の死は「緩慢な自殺」といわれるが、はたしてどうか。同性と異性、両方への愛をつづったこの作品は、現代の若い読者にも意外に受けそうな気がする。

●福永武彦（ふくなが・たけひこ　一九一八〜一九七九）主な作品は『風土』『忘却の河』『死の島』等。東大仏文科を卒業後、堀辰雄の知遇を得て執筆を始める。学習院大学でフランス文学を教えつつ旺盛に執筆するも、病気がちで療養を重ね、在職中に死去。
●出典…新潮文庫

誰か、礼砲を打つよう、兵たちに命じてくれ。

『ハムレット』（一六〇一年？）シェイクスピア

最後に残った、もうひとりの王子

父を毒殺し、母を奪って王位についた叔父に復讐を誓うデンマーク王子。シェイクスピアの劇の中でも『ハムレット』は特に人気が高く上演回数も多い作品である。『ハムレット』といえば思い出すのはこの台詞。

“To be, or not to be, that is the question.”

この文章の訳を問われたら「生きるべきか、死ぬべきか。それが問題だ」と答える人が多いのではあるまいか。ところが『新訳ハムレット』（角川文庫・二〇〇三年）の訳者・河合祥一郎によると、過去に出版された四〇種類近い日本語版で「生きるべきか、死ぬべきか」と訳した本は一冊もないのだそうだ。福田恆存訳（新潮文庫・一九六七年）では〈生か、死か、それが疑問だ〉。小田島雄志訳（白水Uブックス・一九八三年）では〈このままでいいのか、いけないのか、それが問題だ〉。訳し方で解釈も深刻さの度合いも変わるわけだね。

解釈が変わるといえば『ハムレット』は結末も意味深だ。母が死に、策謀の主であった叔父も死に、ハムレットと剣の試合に臨んだレイアーティーズも死に、最後にハムレットも死んだ後、舞台に登場するのはノルウェーの王子・フォーティンブラスである。〈武人にふさわしい礼を。時を得れば、世に並びなき英主ともなられた王子〉とハムレットを讃えた後、死体の山を片付けろと彼はいう。〈このような光景は、戦場ならばまだしも、ここでは、はなはだ見ぐるしい。誰か、礼砲を打つよう、兵たちに命じてくれ〉。

フォーティンブラスは、ハムレットが死に際に「次のデンマーク王に」と指名した人物だ。その意味では一時代の終わりと次代の幕開けにふさわしい大団円にも思える。しかし、彼は父王をデンマークの先帝（ハムレットの父）に殺された過去を持つ。ってことは、最後に勝利したのはフォーティンブラス。この礼砲は弔砲ではなく祝砲じゃん！

劇中に二度しか登場しない（なんだか上手くやったように見える）もうひとりの王子。非業の死をとげた王子との差をどう考えるべきか。それが問題だ。

もはやすべて語り尽くされてしまった感のある作品。ハムレット亡き後を描いた『フォーティンブラス』（リー・ブレッシング）という作品も、ちゃんとあって上演されています。

●ウィリアム・シェイクスピア（一五六四〜一六一六）主な作品は『オセロー』『マクベス』『リア王』『夏の夜の夢』等。イギリスの詩人で劇作家。二〇代の頃から劇作家兼俳優として活動し、膨大な傑作を残すも四七歳で作家を引退。故郷で余生を過ごした。
●出典…新潮文庫（福田恆存訳）

その中には憧憬があり憂鬱な羨望があり、そしてごくわずかの軽侮と、それから溢れるばかりの貞潔な浄福とがあるのです。

『トニオ・クレエゲル』（一九〇三年）トオマス・マン

あなたは俗人？ 芸術家？

一四歳の頃、トニオは、同級生の美少年、ハンス・ハンゼンが好きだった。けれどもハンスは乗馬に夢中で、トニオが愛する文学には何の興味も示さない。一六歳、トニオは金髪の快活な少女インゲボルグ・ホルムに恋をした。けれどもダンスに夢中なインゲは、トニオのおかしな動きを見て笑った。トオマス・マン『トニオ・クレエゲル』は、いまの感覚でいえば、さしずめスポーツマンに憧れるオタク少年の物語である。

名誉領事を務める几帳面な北方系の父と、芸術を愛する官能的な南方系の母の間に生まれたトニオ・クレエゲルは「(父のような) 市民」と「(母のような) 芸術家」という二つの気質の間で思い悩む。簡単にいっちゃえば、めんどくさ〜い人なのだ。

三〇歳をすぎ、ひとかどの詩人として認められるまでになったトニオは、女友達で画家のリザベタ・イワノヴナ相手に日頃の悩みをくだくだと打ち明ける。

ところがリザベタにいわれたひと言は「もうそれでおしまいですか、トニオ・クレエゲルさん」。そしてさらにきつい一撃。「あなたは横道にそれた俗人なのよ」。

生まれた町では変人扱いだったのに、芸術家の目で見れば俗人だったトニオ！　彼のめんどくさ～い一面はラストにもよく表れている。旅先の北欧で、かつてのハンスとインゲにも似たカップルを見たトニオはリザベタに手紙を書く。〈僕の最も深く最もひそかなる愛は、金髪碧眼《へきがん》の、晴れやかに潑剌とした、幸福で愛想のいい凡庸な人々の所有なのです〉。彼らに対する愛をとがめないで下さい。〈その中には憧憬があり憂鬱な羨望があり、そしてごくわずかの軽侮と、それから溢《あふ》れるばかりの貞潔な浄福とがあるのです〉。

詩人のくせに理屈っぽいぞ。「自分は市民の側に立つ」という決意にも見えるが、散文的にいい直せば「いいよなあ、凡人は。あんなに呑気に暮らしてられて。ほんと、うらやましいよ」ってことですよね。幸福な俗人にも冷徹な芸術家にもなりきれない男。このラストに共感できたか否かで人は二分できる。共感できたあなたは、もちろん芸術家タイプである。

非モテ男子のトニオだが、彼の理解者たる少女も登場する。詩を読みたいというマグダレエナ・フェルメエレンである。だけどトニオはインゲみたいなギャルが好き。現代と同じだね。

●トーマス・マン（一八七五～一九五五）主な作品は『魔の山』『ヨゼフとその兄弟たち』等。ドイツの作家。保険会社の社員を一年で辞め、大学の聴講生になって執筆を始める。『ヴェニスに死す』等の名作を多く発表し、一九二九年ノーベル文学賞受賞。
●出典…岩波文庫（実吉捷郎訳）

感無量というのではなかった。しかし、やはりハラにこたえた。

『何でも見てやろう』（一九六一年）小田実

近代の「三代目」見た世界

フルブライト留学生として小田実が渡米したのは一九五八年、二六歳のときだった。ハーバード大学で古代ギリシャ文学を専攻するも、学問はそっちのけ。「まあなんとかなるやろ」の精神で歩いた国はカナダ、メキシコ、ヨーロッパ各国、エジプト、イラン、インドなど二二カ国。『何でも見てやろう』は、このときの体験を描いたルポルタージュ。一日一ドルの元祖貧乏旅行記は、人を食った筆致もあってたちまちベストセラーとなった。

〈ひとつ、アメリカへ行ってやろう、と私は思った。三年前の秋のことである。理由はしごく簡単であった。私はアメリカを見たくなったのである〉

威勢のいいシンプルな書き出し。これが反米感情うずまく六〇年安保闘争の頃に書かれたことを思うと、まだ二〇代だった著者の鼻息の荒さがうかがえる。国内でごちゃごちゃ議論しているインテリたちに、彼はヘキエキしていたのである。

そんな彼の洋行論が炸裂するのは最終章だ。自分たち五〇年代の日本人留学生を彼は「成金一家の三代目」にたとえる。明治初期に留学した一代目は西洋文明に無邪気に驚き模倣した。そんなオヤジの金で留学した二代目は外と内との矛盾に苦悩した。その点、三代目のわれわれは西洋にすでに同化している。だから次はアジアやアフリカなのだ、と。

最後、帰国した彼は床屋の椅子で〈カイロから東京までの間に、私の軽やかな足は、どれほどの重苦しいもののなかをつきぬけて来たことであろう〉と考える。〈感無量というのではなかった。しかし、やはりハラにこたえた〉

何が「ハラにこたえた」のかはその後の小田の行動に表れていよう。帰国後、彼は予備校の教師となり、六五年にはベ平連を発足させた。一方、その後の日本の若者たちは四代目の時代に入り、アジアから旅をはじめる沢木耕太郎『深夜特急』（一九八六年）を生んだ。

その伝でゆくと各国からの留学生が増えたいまは五代目の時代である。だけど、若者たちの海外熱は下降気味。日本がもう「成金一家」じゃないせいか。三代目のパワーがうらやましい。

『深夜特急』にも本書に言及した部分があるけれど、二冊の性質はかなり異なる。小田が「世界の闇を知る旅」なら、沢木は「自分探しの旅」。時代の差なのか個性の差なのか。

●小田実（おだ・まこと　一九三二〜二〇〇七）主な作品は『アメリカ』、評論『「難死」の思想』等。世界旅行記『何でも見てやろう』がベストセラーとなり、世に認められる。「ベトナムに平和を！市民連合」（ベ平連）の結成・運営の中心メンバーとして活動した。
●出典…講談社文庫など

勘弁してくれ、おらだよ、ここをあけてくんな、さぶだよ

『さぶ』（一九六三年）山本周五郎

●冤罪で親友は人足寄場に送られた

山本周五郎『さぶ』。自らをドジョウにたとえた野田佳彦首相（二〇一一年当時）が著書『民主の敵』（新潮新書）の中で、司馬遼太郎や藤沢周平の作品とともに愛読書にあげた本である。そういわれると、「金魚とドジョウ」の物語といえなくもない。

舞台は江戸末期。表具屋「芳古堂」の職人として働く同い年のさぶと栄二は大の親友だが、すべて対照的だった。何をやらせても愚図なさぶ。男前で腕もよく将来を嘱望される栄二。

物語はふたりが一五歳だったある雨の日からはじまる。〈小雨が靄のようにけぶる夕方、両国橋を西から東へ、さぶが泣きながら渡っていた〉。おかみさんに叱られて店を飛び出したさぶを栄二が追ってくる。「考えてみな。帰っても楽ができるか」。

ときは移り、二三歳になったふたりは、おのぶ、おすえという女友達もでき、平穏な日々を送っていた。ところがある日、栄二を大きな災難が襲う。仕事先の両替屋で高価な「金襴《きんらん》の切（布）」を盗んだとの疑惑をかけられ、石川島の人足寄場に送られてしまうのだ。栄二は断固復讐を誓うが……。人足寄場とは更生と職業訓練を目的とした自立支援施設のこと。

軽犯罪者や無宿者（宗門人別帳から外された者）がここに送られた。『さぶ』の半分以上は人足寄場で栄二が体験するさまざまな出来事に当てられている。

で、終盤。しゃばに戻った栄二はおすえと所帯を持ち、さぶと表具屋をはじめるが、仕事はなくて貧乏暮らし。ようやく念願の仕事を得た矢先、さぶは母が危篤で家に帰るという。

その後のラスト一〇ページ弱には驚愕のどんでん返しが待っている。金襴の切を盗んで栄二に濡れ衣を着せた真犯人は、まさかのあの人だった！　そこにひょっこり帰ってきたさぶ。〈悪かったよ栄ちゃん、勘弁してくれ、おらだよ、ここをあけてくんな、さぶだよ〉。

金魚の栄二を陰で支えていたのはドジョウのさぶだった、という人情話である。しかし犯人の告白を真に受けていいのかどうか。男同士の友情を守るために罪を被ったのではないか。さあ、この後、さぶは何を語るのか。真犯人＝さぶ説を私は捨てられない。

時代小説というより青春小説の趣が強い作品。ちなみに人足寄場は池波正太郎『鬼平犯科帳』のモデルとなった長谷川平蔵が実施した制度。人足寄場の部分だけでも読む価値あり。

●山本周五郎（やまもと・しゅうごろう　一九〇三～一九六七）主な作品は『日本婦道記』『樅ノ木は残った』『青べか物語』等。小学校卒業後、東京の質店に奉公しながら創作を始める。直木賞はじめ、名だたる文学賞に推されるも全て辞退。江戸の庶民を描き、多くの読者を得た。

●出典…新潮文庫など

2 女子の選択

恋愛、結婚、別離、自立。
飾りじゃないのよ、人生のイベントは。

下痢はとうとうその日も止まらず、汽車に乗ってからもまだ続いていた。

『細雪』（一九四八年）谷崎潤一郎

アラサー女性の婚活小説なんだけど

大阪船場の旧家・蒔岡《まきおか》家の四姉妹。長女の鶴子は養子をとって本家を継ぎ、次女の幸子も養子をとって分家した。残るは三女の雪子と四女の妙子だが、美貌の持ち主とはいえ無口な雪子はすでに婚期を逸した三〇歳。次姉の幸子夫妻は気をもむが、見合いはなかなか成功しない。——文庫本で九〇〇ページを超える谷崎潤一郎『細雪』は、雪子の見合いを軸に進行する物語、いまどきの言葉でいえばアラサー女性の婚活小説だ。

京都での花見のシーンなど、作中には四季折々の風物詩も盛りこまれて絢爛豪華。舞台は昭和一一年〜一六年。時局にそわぬという理由で戦時中は連載の中断を余儀なくされたのも、ここで描かれる関西のお金持ちの瀟洒な暮らしが当局のカンにさわったせいかもしれない。

しかし『細雪』の中で、もっとも意表をつくのは最後の一文だろう。

〈下痢はとうとうその日も止まらず、汽車に乗ってからもまだ続いていた〉

げげげげげ下痢？　妙齢の美女をつかまえて、下痢の話で終わるか、ふつう。

三五歳になり、華族の出の男性との縁談がようやくまとまった雪子。ラストは帝国ホテルでの婚礼のために東京に向かう、その日の雪子の話なのである。やっと手にした静かなハッピーエンド。語り手はそこに嫌味ったらしく水をさす。

　もっともラストに限らず、『細雪』には姉妹の身体上の汚点ともいうべき描写が要所要所で顔を出す。姉の幸子には黄疸が出るし、雪子の目の縁にできたシミは家族を心配させる。「こいさん、頼むわ。――」という、幸子が妙子に着付けの手伝いを頼む上方言葉ではじまる最初の章も、その後に来るのは脚気《かっけ》の症状を緩和するビタミンBの注射の話だ。

　この小説のもうひとりの主役は自由奔放な生き方を選ぶ四女妙子である。人形制作という仕事をもち、家を出てアパートを借り、あまつさえ恋愛事件まで起こす妙子。それに比べて雪子はあまりに受け身で古めかしい。数日前から止まらぬ雪子の下痢は婚礼に対する無意識の抵抗と解釈できるが、でも下痢ですからね。大腸に自己主張をさせるって、やっぱ谷崎は変態だわ。


雪子の結婚は昭和一六年四月。太平洋戦争がはじまったのは同年一二月。『細雪』の連載中止を命じられたのは昭和一八年。モデルは谷崎夫人である松子の実家・森田家の四姉妹とされる。

●谷崎潤一郎（たにざき・じゅんいちろう　一八八六〜一九六五）主な作品は『刺青』『痴人の愛』『瘋癲老人日記』、随筆『陰翳礼讃』等。性や美、古典や純日本的な文化など、さまざまなモチーフで執筆し、作風を変化させた。『源氏物語』の現代語訳でも功績を残す。
●出典…中公文庫など

早苗はいきなり、マスノの背にしがみついてむせび泣いた。

『二十四の瞳』（一九五二年）壺井栄

大石先生より七人の女子が印象的

岬の分教場に赴任してきたおなご先生と一二人の児童。壺井栄『二十四の瞳』は日本人のほとんど全員が知っているお話だ。が、細部は忘れたって人が多いかも。

〈十年をひと昔というならば、この物語の発端は今からふた昔半もまえのことになる〉と書き出される小説は、昭和三年四月から昭和二一年五月まで、戦争をはさんだ一八年間を描く。洋服を着て自転車に乗り、颯爽とあらわれる大石先生の初登場シーンは有名だが、分校で彼女が一二人の一年生を受け持ったのは、わずか数カ月。二学期早々、先生はアキレス腱を切って学校を休み、そのまま本校に異動。出産を機に教職を離れてしまうのだ。

ラストシーンは、敗戦の翌年である。戦争で夫と末の娘を亡くし、十数年ぶりに教壇に戻った大石先生。その歓迎会に集まった大石学級のメンバーは、男子五人のうち三人が戦死、女子は七人のうち一人が病死、一人は消息不明で、七人に減っていた。その席で、教え子のひとりマスノがいきなり「荒城の月」を歌いだすのである。

〈それは、六年生のときの学芸会に、最後の番組として彼女が独唱し、それによって彼女の

人気をあげた唱歌だった。早苗はいきなり、マスノの背にしがみついてむせび泣いた〉
ラストシーンがこのふたりに託されているのは特別な意味があるように思われる。子どもの頃からの希望通り小学校の教師になった早苗。音楽学校に進む夢を捨てて家業の料理屋を継いだマスノ。教育と唱歌という先生の志をふたりは受け継ぐ存在なのだ。
師弟愛を描いた児童文学、戦争への抗議をこめた反戦文学、左翼っぽい思想のまじったプロレタリア文学。いろんな受け取り方のできる作品だが、大人になって読み直すと、軍国主義教育に嫌気がさして途中で教職を離れてしまった大石先生より、印象に残るのはむしろ七人の女子児童である。作者が描きたかったのも、そっちだったのではないか。貧しさゆえに奉公に出た子。口減らしのために身売りした子。七人の女子はたくましい。早苗の涙は女子を抑圧した時代への怒りにも思える。それに比べりゃ大石先生は、ただのひ弱な優等生だ。

この小説が有名になったのは映画の影響も大。一九五四年版（木下惠介監督）では高峰秀子、八七年版（朝間義隆監督）では田中裕子が大石先生を演じた。

●壺井栄（つぼい・さかえ　一九〇〇～一九六七）主な作品は『暦』『母のない子と子のない母と』等。郷土小豆島を舞台に庶民の生活を愛情深く描いた。『二十四の瞳』は映画化されて大ヒットし、原作も長期ベストセラーとなった。夫は詩人の壺井繁治。
●出典…角川文庫など

禎子の目を烈風が叩いた。

『ゼロの焦点』（一九五九年）松本清張

二時間ドラマの「崖」の原点？

あの風貌に似ず（？）、松本清張はフェミニストっぽい作家である。ドラマ化された『黒革の手帖』のように、強い意志をもった女性が活躍または暗躍する作品も少なくない。『ゼロの焦点』もそんな作品のひとつだが、ただ清張の文章に色気を求めても無駄である。

〈板根《いたね》禎子《ていこ》は、秋に、すすめる人があって鵜原憲一《うはらけんいち》と結婚した〉

という書き出しだけ見ても、素っ気なくって、新聞記事みたい。

ともあれ禎子（二六歳）とこうして結婚した鵜原憲一（三六歳）は新婚旅行から戻った一〇日後、前の赴任地の金沢に出かけたまま失踪してしまうのだ。浮いた話のない広告マンだったはずの夫には金沢に別の生活があり、別の名前を持っていた。

よく知らない者同士の結婚がありえた時代だからこそ成り立つミステリー。夫の消息を求めて金沢を訪れた禎子は夫の過去を徐々に知ることになる。警察にも頼らず、感情にも流されずひとりで謎を追う禎子。金沢の名士の妻である室田佐知子、事務員の田沼久子という二人の女性の登場で物語はいよいよ佳境に向かうが、印象的なのはラストシーンだ。

真相を知った禎子は、能登の荒海に面した断崖の上に立っている。そして……。〈禎子は、いつぞや、現在立っている場所と、百メートルと離れていない岩角に立って、心にうたった詩が、この時、不意に、胸によみがえった。／In her tomb by the sounding sea!／とどろく海辺の妻の墓！／禎子の目を烈風が叩いた〉

クールな禎子はよよと泣き崩れたりしない。風の中で彼女は涙をこらえている。彼女の視野にあるのは、すべてを告白した犯人が漕ぐ一艘のボート！

引用されているのは、エドガー・アラン・ポーが妻の死を悼んだ詩の一節だが、なんといってもそこは崖の上。作中で彼女が崖の上に立つのは（同じ詩が引用されるのも）三度目だ。崖に対する作者の思いが凝縮されているかのよう。全体に無愛想な『ゼロの焦点』の中で、この部分だけが妙に文学っぽいのである。二時間ドラマにつきものの崖の原点はこれだった⁉

物語の背景に深くかかわっているのは敗戦直後の「パンパン」という職業（米兵相手の娼婦）である。作中で存在感があるのは佐知子と久子。禎子の役割はむしろ狂言回しに近い。

●松本清張（まつもと・せいちょう　一九〇九～一九九二）主な作品は『点と線』『眼の壁』等。先の二作がベストセラーとなり、松本清張ブームを起こす。その後も『Dの複合』『日本の黒い霧』等多くの名作を書き、当時マイナージャンルだった推理小説の門戸を広げた。
●出典…新潮文庫など

晩はおいしい寿司でも食べましょう。

『放浪記』（一九三〇年）林芙美子

●二〇歳のフミコのブログと思えば

森光子亡き後、舞台の主役は仲間由紀恵に引き継がれた。では原作も、と思って林芙美子『放浪記』を手にしたあなたは目を白黒させるだろう。最初のページにこそ〈私は宿命的に放浪者である〉という有名な一文があるものの、そこは「放浪記以前」と題された序文だし、話があちこちに飛んで流れがさっぱり見えない。何なの、これは！

それもそのはず。自伝というふれこみながら、『放浪記』は若き日の芙美子の雑記帳の抜き書きで、ストーリーがはっきりした小説ではないからだ。しかも現在広く読まれている新潮文庫版『放浪記』には、ベストセラーになった改造社版の『放浪記』の後に、同じ雑記帳の未収録部分を集めた続編と続々編が「第二部」「第三部」として収まっている。

ややこしい構成のこの本を楽しむには、コツがいるんです。

まず第二部、第三部は無視。序文は飛ばし、林芙美子の名前も顔も忘れてください。そして二〇歳前後のただの女の子のブログだと思ってください。すると……。

ブロガーのフミコは住み込みで女中のバイトをしているらしい。たった二円の給料で急にバイト先をクビになったらしい。このままではホームレスになりそうだ。職業安定所に行ってみたけど、いいバイトはなかったらしい。——というように、みるみる話が見えてくる。読者を意識せずに書かれた日記みたいなブログと思えば、事実関係が「らしい」という程度に曖昧でも、急にポエムが出てきても気にならず、かえって想像力が刺激される。

第一部は特に幕切れがかわいらしい。女工や女給のバイトをしながら詩や童話を書いているらしいフミコのもとに童話の稿料二三円が届くのだ。〈当分ひもじいめをしないでもすむ。胸がはずむ、ああうれしい〉と書くフミコ。〈私は窓をいっぱいあけて、上野の鐘を聞いた。晩はおいしい寿司でも食べましょう〉。

若く貧しい女性がやっと手にした小さな成功のリアリティが寿司の一語ににじむ。ちなみにお芝居で有名なでんぐり返し（森光子）や側転（仲間由紀恵）のような場面は原作にはない。原作のフミコはもっと陰気なコなんです。

改造社版（初版）の『放浪記』は現在、ハルキ文庫版に収録されている。ただし、こちらの末尾は「晩は寿司でも食べよう」。林芙美子は生涯、テキストに手を入れ続けたのである。

●林芙美子（はやし・ふみこ　一九〇三〜一九五一）主な作品は『晩菊』『浮雲』等。貧しい家庭に育つ。上京後、職業を転々とする中で創作を始め、自伝的小説『放浪記』がベストセラーに。人気作家となり活躍するが、心臓麻痺で急逝。
●出典…新潮文庫など

ここへ来たとき主人は、梨花という名を面倒がって春という名をくれたが、ということだった。

『流れる』（一九五六年）幸田文

●観察者に徹してきた家政婦の逆転劇

〈このうちに相違ないが、どこからはいっていいか、勝手口がなかった〉

玄関先でまごつく中年女性。幸田文『流れる』の書き出しだ。まるで市原悦子主演の人気テレビドラマ「家政婦は見た！」の導入部である。

『流れる』は、実際、「家政婦は見た！」みたいなお話なのだ。主人公の梨花が雇われたのは傾きかけた芸者置屋。「くろうと」の世界に紛れこんだ「しろうとさん」が、そこで見聞きした日常を語る。それが物語のほとんどすべてといってもいい。

もっともこの小説の最大の謎は視点人物の梨花その人だ。夫と幼い子どもを亡くした過去があり、会社の寮母や掃除婦などを経験してきたというものの、家事全般をてきぱきこなし、いやに達筆で清元の素養なんかもある主人公。教養も家柄もありそうなこの女性は何者なのか。そんな謎を残したまま、物語が大きく動くのは最後の数ページである。家を売り、格下の対岸に引っ越すことになった置屋の人々。しかし梨花にだけは、元の家にとどまり、新しい主に再雇用され、仕事の責任者に抜擢されるという幸運が転がりこんでくるのである。

ラストは引っ越しを手伝った後の帰り道、梨花がふともらす感慨である。〈つづいて脈絡のないことを思った。ここへ来たとき主人は、梨花という名を面倒がって春という名をくれたが、ということだった〉

そう、置屋に来た日、彼女は女主人にいわれたのである。「ねえ、ちょいと梨花さんっていうの呼びにくいわ。せんのひと春さんだったから春はどう?」。「脈絡のないことを思った」などとクールなふりをしているが、彼女は名前が剝奪された日のことを忘れていない。その女主人を追い出して、いまや自分がその家の責任者になろうとしている。ぼんやり読んでいると、見すごしてしまいそうな一文だが、これを優越感といわずして!

「あたし女中ですから」とうそぶきつつ、観察者に徹してきたヒロインの逆転劇。「家政婦は見た!」ならぬ「家政婦はやった!」。小さなガッツポーズが見える、少々コワい終わり方だ。

父・露伴の死後に小説を書きはじめた幸田文は、実際にも柳橋の置屋に住みこんだという。いまでいう潜入取材。それ自体「家政婦は見た!」みたいである。

●幸田文（こうだ・あや　一九〇四～一九九〇）主な作品は『終焉』『黒い裾』『きもの』等。小説家の幸田露伴の娘として生まれ、露伴の死をきっかけに文筆家としての道を歩み始める。都会的感性と高い教養が融和した文章で、戦後の文学界に新風をもたらした。
●出典…新潮文庫など

それは傲岸《ごうがん》な彼の自我に罅裂《ひびわ》れる強い響きを与えた。

『女坂』（一九五七年）円地文子

ろくでもない男が出てくる小説は古今東西枚挙にいとまがないけれど、円地文子『女坂』も相当なものである。

舞台は明治。物語は官吏として出世した白川行友《ゆきとも》の妻・倫《とも》が夫のために妾を探しに（！）出るところからはじまる。スカウトされた須賀はまだ一五歳。「旦那様付きの小間使い」として奉公に出たつもりが、彼女に期待されたのは要するに「性の相手」だった。

行友の専横ぶりは、ここにとどまらない。別の小間使いの由美にも手を出す。あろうことか息子の妻の美夜とも関係を結ぶ。悪びれもせず三人の若い女を連れて行楽に出る。そうして倫は、そんな夫と女たちの行状を醒めた目でずーっと観察しているのである。ゾゾッ。

「葬式は出すな」は妻の復讐

女同士の確執を描いているように見える『女坂』は、しかし、いま読むと旧弊な男社会への告発小説という印象が強い。女たちへの視線がそれなりに同情的なのに対し、夫はもちろん、実の息子や孫への愛情もほとんど感じられないのだ。

さて、ラスト。老いて死の床にある倫は、人を通じて夫に最後のメッセージを残す。

〈私が死んでも決してお葬式なんぞ出して下さいますな。死骸《しがい》を品川の沖へ持って行って、海へざんぶり捨てて下されば沢山でございます〉

四〇年も耐えてきた女の復讐がそれだけ？　という気もするが、このせりふを自虐と解釈してはいけない。倫は「オメエの家の墓になんか死んでも入りたくねーんだよ！」といっているのだ。いまわのきわの爆弾発言。さすがの夫もショックを受ける。

〈四十年来、抑えに抑えて来た妻の本念の叫びを行友は身体一ぱいの力で受けた。それは傲《ごう》岸《がん》な彼の自我に罅《ひび》裂《わ》れる強い響きを与えた〉

反省のなかった夫がはじめて直面する自我の危機！　妻の遺言通り、葬式を出さずにすませるのか。遺言を無視して葬式を出し、白川家の墓に葬るのか。どちらを選んでも怖いじゃないの夫としては。死後に夫を罰する妻。これぞ究極の復讐である。

『女坂』が告発小説たりうるのは、男女平等思想が普及した一九五〇年代の作品だから。戦前はこのくらいの男はざらにいた。女の恨みは外に出せず、だから余計深かったのだ。

●円地文子（えんち・ふみこ　一九〇五～一九八六）主な作品は『ひもじい月日』『遊魂』『彩霧』等。国語学者上田萬年の娘に生まれ、古典への造詣が深かった。女性の心理と生理を明るみに出す大胆な作風で、晩年まで第一線で活躍。『源氏物語』の現代語訳でも名高い。

●出典…新潮文庫など

わたしはパルタイから出るための手続をはじめようと決心した。

『パルタイ』（一九六〇年）倉橋由美子

一見破滅的だが、意外に律儀？

『パルタイ』。二〇〇五年に他界した倉橋由美子二四歳のデビュー作である。〈ある日あなたは、もう決心はついたかとたずねた〉と小説は書き出される。「あなた」は「わたし」にパルタイに入ることをすすめるが、そのためには《経歴書》が必要だという。「わたし」はパルタイの活動に参加し、気が進まないまま分厚い《経歴書》も書くが、結局は嫌気がさして……。パルタイとはドイツ語で「党」の意味。英語でいえばパーティーだ。が、この当時、「党」といえば暗に日本共産党を指し、パルタイはその蔑称だった。

女子学生の「わたし」の視点で、恋人らしき「あなた」や「党」の滑稽さをシニカルに語る小説。その思想は「あんた、バカァ？」（↑『新世紀エヴァンゲリオン』の登場人物、惣流・アスカ・ラングレーの口癖）の一言で足りるだろう。硬直化した組織はどんな時代にもあるし、アウトサイダーを気取った女学生もどこにでもいる。「党」を宗教団体やサークルや会社におきかえれば、「この感じ」はいまも理解されるだろう。

ただ、この小説は爽快感が薄い。それが象徴的にあらわれているのが結末である。一晩警察に拘置され、釈放されて自室に戻った「わたし」の元に一通の封書が届いていた。〈なかからパルタイにはいることを許可するむねの通知とともに、赤いパルタイ員証が出てきた。わたしはそれをながめ、仔細に検討したのち捨てた〉

ここで終わればスカッと決まったのに、語り手はさらに一言付け加える。〈わたしはパルタイから出るための手続をはじめようと決心した〉なんだ、ちゃんと手続きするのか。律儀じゃん。もちろんここは冒頭の〈もう決心はついたか〉に対応しているのだが、だとしたら小説の構成上も律儀である。『パルタイ』に欠けているのは破壊力である。《学生》《労働者》《革命》といった単語を《 》で囲ってちりばめた、若気の気負いが目立つ短編。行動は一見破滅的だが、最後の一文に語り手が躾のよいお嬢さんであることが透けて見える。

「党員」を皮肉った小説としては田辺聖子『感傷旅行《センチメンタル・ジャーニイ》』（一九六四年）も忘れられない。党にまだ力があった六〇年代、女性作家が批評的な作品を書いていたのが興味深い。

●倉橋由美子（くらはし・ゆみこ　一九三五〜二〇〇五）主な作品は『暗い旅』『聖少女』『大人のための残酷童話』等。明治大学在学中に発表した『パルタイ』が芥川賞候補となり、以後作家生活に入る。人間の生理や残忍性をえぐりだす感性鋭い表現が特徴とされた。
●出典…新潮文庫など

返す返す情無《なさけな》く相成候《あいなりそうらい》て、心ならぬ未練も出《い》で申候《もうしそうろう》。

『金色夜叉』（一九〇三年）尾崎紅葉

●熱海の海岸で蹴とばされたお宮のその後

「可《い》いか、宮さん、一月の十七日だ。来年の今月今夜になったならば、僕の涙で必ず月は曇らして見せるから」というせりふ。すがりつくお宮を蹴とばす学帽にマント姿の間《はざま》貫一。お芝居のイメージが先行してはいるものの、尾崎紅葉『金色夜叉《こんじきやしゃ》』の有名なシーンを知る人は多いだろう。熱海の海岸に立つ貫一お宮の像は観光名所になっているほどだ。筋は単純といえば単純だ。主人公の間貫一は旧制一高生。寄留先の娘・鴫沢《しぎさわ》宮と結婚できるものと思っていたが、宮とその両親は裕福な銀行家の息子・富山唯継《とみやまただつぐ》との結婚を選び、貫一は袖にされるのである。くだんの熱海の場は許嫁《いいなずけ》の心変わりを知った貫一がカッとなって別れを告げる場面。この後、彼は自分を捨てた女と世間への復讐を誓って高利貸しとなる。ときは資本主義の発展期。やっぱ女は金のある男を選ぶのかい、と思っちゃうが、小説に描かれた貫一お宮のイメージはだいぶちがう。貫一は異常にキレやすい男だし、宮は美貌だけが売りの自己主張のできない女。富山と結婚した後もひたすら貫一を思い続けている。

そんなこんなでラストは宮から貫一への手紙である。

〈私独《ひと》り亡きものに相成候て、人には草花の枯れたるほどにも思はれ候はぬ儚《はかな》さなどを考へ候へば、返す返す情無く相成候て、心ならぬ未練も出《い》で申候《もうしそうろう》〉

自分ひとりが死んだとて、誰も気にとめぬと思うと情けない……。宮はどうやら病に伏しているらしい。さあ、どうする貫一。ところが、残念、小説はここで突然終わるのだ。『金色夜叉』は紅葉の死によって断絶された未完の大作なのである。

この後どうなったかは誰にもわからない。ただ、くだんの熱海の場でも、宮は「私は考へてゐる事がある」「言遺した事がある」と何度も訴えていたのだった。それを「聞きたくない！」と一蹴したのは貫一である。最初は話のわからぬ恋人のせいで、最後は作者のせいで肝心なことを語れなかった宮。おかげで「愛より金をとった女」の汚名を着たまま海岸に立つ像になってしまった。しかもこの像の場面はいまでいうＤＶだし。まさに〈返す返す情無く相成候〉である。

『不如帰《ほととぎす》』が伊香保を有名にしたように、『金色夜叉』は熱海を有名にした。文語文の中に口語体の会話がまじる雅俗折衷体の文章は、取っつきは悪いが、慣れると病みつきになる。

●尾崎紅葉（おざき・こうよう　一八六八〜一九〇三）主な作品は『伽羅枕』『三人妻』等。近代日本初の文学結社「硯友社」、文芸雑誌「我楽多文庫」をおこし、門下生に泉鏡花や徳田秋声などがいた。文豪として確固たる地位を築いたが、胃癌のため三五歳にして病没。
●出典…新潮文庫など

見る間に色の様々を変えて見せる海を、いつまでも眺めていた。

『紀ノ川』（一九五九年）有吉佐和子

土地と一体化した母娘三代の物語

『複合汚染』や『恍惚の人』など、有吉佐和子は社会問題を扱った作品のイメージが強い作家かもしれないが、それは晩年の話。彼女は堂々たる近代文学の書き手でもある。和歌山県の名家を舞台に明治、大正、昭和の女三代を描いた『紀ノ川』もそのひとつ。

小説は冒頭、和歌山県九度山の慈尊院からはじまる。高野山のふもとにあり、「女人高野」の別名もあるこの寺は、二〇〇四年にユネスコの世界文化遺産の一部に登録されたが、むろん作者も作中人物もそれは知らない。冒頭の一節は〈今年七十六歳になる豊乃は、花の手をひいて石段を一歩々々、ふみしめるように上って行った〉。これは花の婚礼の日なのである。「見、紀ノ川の色かいの」「美《う》っついのし」「美っついのう」。

明治三二年。祖母と別れを惜しんだ花は、そこから舟で紀ノ川を下り、和歌山市の真谷《またに》家に嫁いだのだった。この後の物語は、日本の近現代史そのものだ。花は夫を助け、夫は県会議長から代議士にまで上りつめるが、娘の文緒は古い因習に反発する大正ガール。東京の女子大を出ると銀行員と結婚し、夫の赴任先の南方にさっさと旅立ってしまう。

やがて日中戦争がはじまり、出産のため和歌山に一時帰国した文緒。ここで再び紀ノ川登場。花は孫娘の華子と和歌山城の大天守に上るのだ。「ようごらんな、華ちゃん。あれが紀ノ川やして」「まあ、川が、あんな色をしてる。綺麗ねえ」。

上流から下流に行くにしたがって家格は下がるが景気は上がるといわれた紀ノ川。十数年後、二七歳になった華子が、小説のラストで眺めるのは同じ川の河口である。

〈(華子は)茫洋《ぼうよう》として謎ありげな海――波が陽光を弄《もてあそ》ぶのか、見る間に色の様々を変えて見せる海を、いつまでも眺めていた〉

時間の流れと家族の歴史と川の流れが一体となった構成。いや－うまいもんです。華子が立つのは鉄筋コンクリートで再建された和歌山城の大天守。祖母と上った大天守は空襲で焼けてしまった。目の前にあるのは十円玉を入れる望遠鏡。上流から海までの流れが一気につながる。

作者の母方の一族に取材した、作者二八歳のときの作品。華子のモデルは有吉佐和子自身とか。和歌山城の大天守からは、いまも和歌山市内と紀ノ川の河口が一望できる。

●有吉佐和子（ありよし・さわこ　一九三一～一九八四）主な作品は『恍惚の人』『複合汚染』『和宮様御留』等。ハワイ大学で教鞭をとるなど、世界各地に飛んで作品を執筆。古典芸能や歴史に材をとったものや、社会問題をテーマに多くの作品を書き、高い評価を得た。
●出典…新潮文庫

お島は順吉にそうも言って、この頃考えている自分の企画《もくろみ》をほのめかした。

『あらくれ』（一九一五年）徳田秋声

◆懲りない女の人生遍歴

三〇歳も年下の愛人・山田順子との関係をつづった私小説『仮装人物』などで知られる徳田秋声は、もともとは市井の人を生き生きと描くのが得意な作家だった。

ひとりの女性のたくましい人生を描いた『あらくれ』もそのひとつ。

物語は〈お島《しま》が養親《やしないおや》の口から、近いうちに自分に入婿《いりむこ》の来るよしをほのめかされた時に、彼女《かのおんな》の頭脳《あたま》には、まだ何等《なんら》の分明《はつきり》した考えとても起って来なかった〉と書き出される。

ときに主人公のお島は一八歳。彼女は七歳で園芸農家から製紙業を営むこの家に養女に来た。が、家でじっとしているより外での力仕事が好き。男たちのセクハラにも敢然と立ち向かう娘である。当然、作太郎なる養父の甥との結婚話にも抵抗する。「厭《いや》だ厭だ、私死んでも作なんどと一緒になるのは厭です」。そして婚礼の日の夜、彼女は家を飛び出すのだ。

こうしてはじまるお島の人生遍歴。その後、缶詰屋の後妻に行くも、夫の放蕩癖に嫌気がさしてまた飛び出し、町場の旅館や山間の温泉宿で働くも、いろいろあってまた飛び出し……。

お島にとっての悲劇は、明治末期とおぼしきこの時代には、女がひとりで生きてゆく条件が十分に整っていなかったことだろう。独立心旺盛なお島ほどの女でも、だから結局は男に頼るか、ことあるごとに養家や実家の世話にならざるを得ない。

後半、彼女は小野田なる男と結婚して洋服店を開くが、相変わらず人生のビジョンはない。昔いたのとはまた別の温泉場を訪れたお島は、店の若い衆を呼んでいうのである。「上さんあの店を出て、この人に裁をやってもらって、独立《ひとりだち》でやるかも知れないよ」。〈お島は順吉にそうも言って、この頃考えている自分の企画《もくろみ》をほのめかした〉。

順吉とは小僧さんの名前だが、「この人」と呼ばれた若い職人をお島は憎からず思っている。つまるところは色じかけである。男にも商売にも人生にも、まったく懲りていないお島。〈何等の分明した考えとても起って来なかった〉頃から成長の跡なし。だけど、このバイタリティー。ラストに示された「企画」の一語に気迫がこもる。


日本の「自然主義文学」は私小説に矮小化されていったが、もともとの自然主義はこういうタイプの小説のことだった。エミール・ゾラの『居酒屋』や『ナナ』を思わせる。

●徳田秋声（とくだ・しゅうせい　一八七一～一九四三）主な作品は『黴』『仮装人物』等。泉鏡花の勧めで尾崎紅葉門下に入り研鑽を積む。自らの私生活を題材に、徹底した客観描写を貫いた作品を執筆。自然主義文学の大家であると同時に、私小説の典型も形作った。
●出典…講談社文芸文庫など

「神は天にあり、世はすべてよし」とアンはそっとささやいた。

『赤毛のアン』（一九〇八年）モンゴメリ

日本中の少女を魅了したお転婆娘騒動記

『小公女』『ハイジ』『あしながおじさん』、古典的な少女小説の主人公にはなぜか孤児が多い。理由は単純。古い価値観のなかで女の子を活躍させるには、親の存在が邪魔なのだ。

モンゴメリ『赤毛のアン』もそう。思わぬ手違いからマシュウとマリラという老兄妹のもとに引き取られた一一歳のアン。親友のダイアナやライバルのギルバート、そして学校の仲間や地域の大人たちを巻き込んだ物語は「おてんば娘騒動記」と呼ぶにふさわしい。

原題は「グリン・ゲイブルス（緑の切妻屋根）のアン（Anne of Green Gables）」。緑の屋根の家のニックネームに由来する。それを『赤毛のアン』としたのは村岡花子の訳（一九五二年）である。松本侑子訳（集英社文庫）はじめ多くの新訳が出ている今日からすると、「あら、あたし……ですわ」式の話し方をする村岡訳のアンはいささか古めかしい。が、戦後の少女たちはみな村岡訳の『赤毛のアン』から元気と勇気をもらったのだった。

少女小説のラストは、しかし、たいてい予定調和である。物語の終盤で一〇代の後半に成長したアンは急激に「感心な娘」に変貌するのだ。マシュウが世を去り、グリン・ゲイブルスを売る決心をするマリラ。アンは奨学金をもらって大学に進学する夢をあきらめ、村にとどまろうと決意する。そんなアンに地元の学校の教員の口を譲ったのはギルバートだった。宿敵との和解とロマンスの予感。かくて物語は力強い肯定の言葉で閉じられる。

〈道がせばめられたとはいえ、アンは静かな幸福の花が、その道にずっと咲きみだれていることを知っていた〉。〈道にはつねに曲り角があるのだ〉とアンは考える。〈「神は天にあり、世はすべてよし」とアンはそっとささやいた〉。

女性に自立を促しながらも家族は捨てるなと『赤毛のアン』は教える。この結末は、悩める高度成長期の娘たちに「ほどほどの幸せ」の価値を教えただろう。「東京の大学に行きたいけど、親は地元の短大に行けっていうし」みたいな。ラストはブラウニングの詩の一節。「世はすべてよし」とはいっているが、ほんとかな。負け惜しみのニュアンスを感じるなあ。


村岡花子をモデルにしたNHK連続テレビ小説「花子のアン」（二〇一四年）で再び脚光を浴びた作品。ドラマでは「曲がり角を曲がった先には何があるかわからないの」が座右の銘として使われた。

●ルーシー・モード・モンゴメリ（一八七四〜一九四二）主な作品は『赤毛のアン』シリーズや『可愛いエミリー』等。カナダの作家。幼い頃に母を亡くし、祖父母に育てられる。故郷プリンス・エドワード島が舞台の『赤毛のアン』は世界的ベストセラーに。
●出典…新潮文庫（村岡花子訳）

これは私が生れて初めて書いたラブレターです。ちゃんと書き方を知っているなんて妙《みょう》ですわね？

『あしながおじさん』（一九一二年）ジーン・ウェブスター

篤志家のスミス氏の正体は……

見ず知らずの資産家に、大学への進学資金を出してもらうかわりに、月に一度手紙を書くよう命じられる。ジーン・ウェブスター『あしながおじさん』は、こうして「ジョン・スミス氏」あてに手紙を書きはじめた、作家志望の少女による書簡体小説だ。

発表から一〇〇年が経過したいまも世界中で愛されているのは、孤児院で育った語り手のジュディことジルーシャ・アボットの快活な性格に加え、「独立への第一歩を踏み出した女の子」の物語らしい細部の輝きからだろう。女子大の寮での生活。初めて読んだ本。農園ですごす休暇。買った物のリスト。ジュディの唯一の不満はスミス氏からの返事が一通も来ないことだったが、大学生活のあれこれを報告する彼女の筆は未知の世界にふれた驚きと喜びにあふれ、日本の少女たちの憧れをかきたてたものだった。

しかし後半、ジュディの手紙は微妙に変化する。〈私は今まで一度も男の人と話をしたことがなかったのでございます〉などと書いていた彼女の手紙には、同級生の叔父である「ジャーヴィ坊ちゃま」の記述が増えはじめる。そして大学を卒業後、この人物にプロポーズされた彼女は生い立ちに引け目を感じて固辞するのだが……。

悩みをつづった手紙を機に、スミス氏とついに面会できることになったジュディ。「ぼくがあしながおじさんだったということに気がつかなかったの？」と語るその人物の正体は！　彼女は最後の手紙の追伸に書く。〈これは私が生れて初めて書いたラブレターです。ちゃんと書き方を知っているなんて妙《みょう》ですわね？〉。

この結末に、私は昔、チッと思った口である。なーにが「妙ですわね」だ。最後はこれかい。そんなわけなので、小説としてはジュディの親友サリーが孤児院の改革に乗り出す『続あしながおじさん』のほうがずっと好き。ただし、これこそがシンデレラ物語にふさわしい幕切れなのだろうとは思う。原題の「ダディ・ロングレッグス」とはザトウムシのこと。女子が憧れる結末ではあるけれど、最初から下心込みだったのかも。あやしいっ！

東健而による初訳（一九二九年）は邦題は『蚊とんぼスミス』だった。新訳（一九三三年）に際し、表題を直訳に近い「あしながおじさん」に変更したのは遠藤寿子。名訳といえるだろう。

●ジーン・ウェブスター（一八七六〜一九一六）主な作品は『続あしながおじさん』『おちゃめなパッティ』等。アメリカの作家。母はマーク・トウェインの姪。大学在学中から創作を重ね、『あしながおじさん』で有名に。結婚し、女児を早産した直後に死去。

●出典…新潮文庫（松本恵子訳）

船の往来は今なお絶えることもございません。絶えることもございません。

『武士の娘』（一九二五年）杉本鉞子

海外でヒットした「和才洋魂」の書

杉本鉞子《えつこ》の自伝的作品『武士の娘』はちょっと変わった名著である。

まず著者の経歴がおもしろい。鉞子は明治六年、越後長岡藩の家老だった稲垣平助の娘に生まれた。四書をみっちりたたき込まれ、兄の友人で貿易商を営む杉本松雄と一三歳で婚約。東京のミッション系の女学校で学んだ後、二〇代で渡米した。

本の成り立ち方もおもしろい。こうして米国で二女の母になった鉞子だったが、その後、夫を亡くし、幼い娘たちと東京に移住。そしてまた長女が一五歳になったのを機に、こんどは教育のために渡米する。本書はつまり新渡戸稲造『武士道』などと同じく、日本文化を紹介するために英語で書かれた本なのだ。原題は『ア・ドーター・オブ・ザ・サムライ』。全米で大ヒットし、各国語に翻訳され、日本より海外で有名になった。

自伝的な随筆とはいえ、厳格な武士の家（それも戊辰戦争でたたきのめされた藩の）から自由の国へ渡った人らしく、彼女は日米の両極端な文化をしっかり観察しては、批評する。最終章「黒船」で彼女が語るのは〈西洋も東洋も人情に変りのないこと〉、でも、その事実は東洋人にも西洋人にも理解されにくいという現実である。「ヱッ坊や、異人さんと神国日本の人々は、何度船が往来しても、近づきあうことはありませんよ」。そう説く祖母への反論めいた文章で本は幕を閉じる。〈あから顔の異人さんも、神国日本の人々も、今尚互いの心を理解しおうてはおりませず、この秘密は今も尚かくされたままになっておりますが、船の往来は今なお絶えることもございません。絶えることもございません〉。

「みんなは理解しなくても、東西の交流は続いていくのよ」といいたげなラスト。〈絶えることもございません〉を二度くり返しているのは、彼女が内心ムカついていた証拠ではないか。男尊女卑を旨とする日本文化と、男女同権を説く西洋文化。正真正銘の「武士の娘」だった母や祖母と、「帰国子女」のハシリみたいな娘たち。二つの文化と世代の間で、事実、彼女は悩んでいた。国際派の明治女性の矜持が光る、和魂洋才っていうより和才洋魂の本である。

鉞子が本を書いたのは、夫の死後、二人の娘を育てるためだった。アメリカでの投稿からはじめ、ようやくつかんだ雑誌連載をもとに生まれた本。大岩美代の日本語訳も美しい。

●杉本鉞子（すぎもと・えつこ　一八七三〜一九五〇）著作は一冊のみ。旧長岡藩家老稲垣平助の娘。貿易商・杉本松雄との結婚を機に渡米。夫の病死後、帰国するも再渡米して執筆を開始。雑誌「アジア」に連載した『武士の娘』が大ヒットし、七カ国語に翻訳された。
●出典…ちくま文庫（大岩美代訳）

では／このへんで／この小さな本も／さようなら。

『詩のこころを読む』（一九七九年）茨木のり子

●詩の鑑賞法と人生を重ねて

茨木のり子は「わたしが一番きれいだったとき」や「女の子のマーチ」で知られる詩人だ。晩年の「倚《よ》りかからず」でファンになった人もいるかもしれない。

しかし、彼女の隠れた名著は『詩のこころを読む』である。詩の鑑賞法を説きながら、人生についても語っちゃうアクロバットみたいな本。〈いい詩には、ひとの心を解き放ってくれる力があります〉と巻頭言でいう通り、誕生（「生まれて」）、恋愛（「恋唄」）、苦悩（「生きるじたばた」）、中高年期（「峠」）と、本は人生をたどる形で構成されている。

〈その鳩をくれないか　と　あのひとが言った／あげてもいいわ　と　あたしが答えた／おお　なんてかあいいんだ　と　あのひとがだきとった／くるくるってなくわ　と　あたしが言いそえた〉（高橋睦郎「鳩」）。この詩を評して〈いま読んでも少しも照れくさくありません〉と著者はいう。〈照れくさかったり、むずがゆくなるのはダメな詩で、特に恋唄のばあい、それがはっきり出ます〉。〈コンロから御飯をおろす／卵を割ってかきまぜる／合間にウイスキーをひと口飲む／折紙で赤い鶴を折る〉（黒田三郎「夕方の三十分」）にはまず一言。〈誰にでもこんな「夕方の三十分」があったのではないでしょうか〉。

最終章「別れ」のテーマは死、である。おしまいの詩は岸田衿子「アランブラ宮の壁の」（『あかるい日の歌』所収）。〈アランブラ宮の壁の／いりくんだつるくさのように／わたしは迷うことが好きだ／出口から入って入り口をさがすことも〉。

これが全文。とっても短い詩なのである。そして茨木のり子はいう。迷うことが好きって〈いいなあと思います〉。死を出口ではなく入り口と考えるのも素敵。人生でたったひとつわからないことがあるのも素敵。そう述べた後、急に彼女は書く。

〈では／このへんで／この小さな本も／さようなら。〉

「このへんで」にはサンダル履きの気楽さがある。仲のいい友達への手紙みたいな、喫茶店でおしゃべりをして別れるときの挨拶みたいな終わり方。そういう感じの本なのだ。


岸田衿子（一九二九〜二〇一一）は俳優の岸田今日子のお姉さん。「アランブラ宮の壁の」が死について語った詩だということも、この本の解説がなければ気がつかなかっただろう。

●茨木のり子（いばらぎ・のりこ　一九二六〜二〇〇六）主な作品は詩集『対話』『自分の感受性くらい』『倚りかからず』等。雑誌「詩学」への投稿作が評価され詩人として活動を始め、川崎洋と同人誌「櫂」を創刊。『倚りかからず』は詩集としては異例のベストセラーに。
●出典…岩波ジュニア新書

いわば二人の結婚の媒介《なかだち》をしてくれたこの両人に対し、二人とも、終始あつい感謝の念を忘れていなかったからだ。

『自負と偏見』（一八一三年）ジェーン・オースティン

一族郎党を巻きこんだ婚活大騒動

五人の娘がいるベネット家。この村に独身の資産家ビングリーが別荘を借りて越してきた。娘たちの結婚に命をかけるベネット夫人はすぐさま晩餐会を手配する。長女ジェーンは母の思惑通りビングリーといい感じになるが、しかしビングリーはいつまで待っても求婚しない。一方、ビングリーの親友ダーシーは次女のエリザベスに惹かれるが、エリザベスは家格と財産と美貌を鼻にかけるダーシーの高慢ちきな態度が我慢ならない。オースティン『自負と偏見』あるいは『高慢と偏見』は、イギリスの地主層を舞台にした一種の婚活劇である。

〈独りもので、金があるといえば、あとはきっと細君をほしがっているにちがいない、というのが、世間一般のいわば公認真理といってもよい〉

この卓抜な書き出しはたいへん有名。内容的には二〇〇年前のトレンディドラマみたいな恋愛模様なんだけど、驚くべき写実主義に舌をまく。とりわけ観察眼に自信のあった才気あふれるエリザベスがダーシーを誤解していたと悟る過程は、ラブコメのお手本だ。

さんざん読者をじらした末の結末は、予想通り、娘たちの結婚。ベネット夫人にとっては万々歳のハッピーエンドである。ただ、一族郎党を巻きこんだ大騒動の後だけに、関係者一同の反応と後日談を記さなければ小説は終われない。ラストは〈ガーディナー夫妻とは、終始きわめて親しかった〉という報告である。〈いわば二人の結婚の媒介《なかだち》をしてくれたこの両人に対し、二人とも、終始あつい感謝の念を忘れていなかったからだ〉。

かつてエリザベスは、階級下のこの叔父叔母とダーシーの邸宅を見に行ったことがあったのだった。そのときの恩義を末尾に示すことで、事態はようやく一件落着となる。

階級や家格や財産がいちいち恋愛に影をおとす。頼みもしないのに家族や親戚はしゃしゃり出てくる。セレブの世界は、まことに面倒くさい。ジェントリと呼ばれる下級地主階級では、玉の輿にのる以外、女性が生きる道はなかった。富豪で美男で人格者（そのうえ表面上はチョイワル）のダーシーは理想の王子に見えるけど、そのへんは少女マンガのノリってことで。

サマセット・モームは「世界の十大小説」の一冊にこれを入れ、冒頭近くのベネット夫妻の会話を夏目漱石は『文学論』で激賞した。いわばイギリス版の『細雪』である。

●ジェーン・オースティン（一七七五〜一八一七）主な作品は『分別と多感』『エマ』『説得』等。イギリスの作家。牧師の家に生まれ、一〇代で創作を始める。田舎の中流社会に生きる女性たちの生活を題材に描いた。心理写実主義の先駆者と評される。
●出典：新潮文庫（中野好夫訳）

明日はまた明日の陽が照るのだ

『風と共に去りぬ』（一九三六年）マーガレット・ミッチェル

スカーレットに反省は似合わない

マーガレット・ミッチェル『風と共に去りぬ』は、他のどんな場面よりラストシーンが有名な小説だ。南北戦争の後、何もかもを失って「明日、タラへ帰ろう」と決意するヒロインのスカーレット・オハラ。敗北を認めぬ彼女は昂然《こうぜん》と顔を上げる。

〈みんな、明日、タラで考えることにしよう。そうすれば、なんとか耐えられるだろう。明日、レットをとりもどす方法を考えよう。明日はまた明日の陽が照るのだ〉

“Tomorrow is another day.”（「明日はまた別の日」）という最後の一文は「明日は明日の風が吹く」「明日は明日の日が昇る」など何通りもの訳し方があるけれど、いずれにしても絶望の淵から立ち上がる強さがみなぎる。日本で本書がベストセラーになったのは一九四九年。敗戦後の焦土から復興を目指す日本人は、この台詞に大いに励まされたのである。

このシーン、映画では夕焼けをバックに荒れはてた耕地の赤土を手に取るヴィヴィアン・リーの姿が印象的だった。と一瞬思ったのだけれど、ちがうちがう。それは第一部のラストシーン。映画（小説）全体のラストは室内で、しかもスカーレットが決意したのは、郷土の再建とかではなく、夫の心を取り戻すという、超プライベートな案件なのだ。娘のボニーが事故で死に、因縁浅からぬメラニーが流産の果てに死に、夫のレット・バトラーにまで愛想を尽かされた。失ってはじめて知るレットへの愛。彼女は断固決意する。〈ひとたび心をきめたからには、手に入れることができない男なんて、これまでだって、ひとりもいなかったではないか〉。そして、くだんの文章に接続される。

初恋の人アシュレを追い続け、やりたい放題だったスカーレットが傲慢だった自分を反省する。それが『風と共に去りぬ』第五部の後半で、つまり最後に彼女は「いい人」になりかけるのである。ところがどっこい、結局「懲りない女」だったということが、「私はあきらめない」と誓うこの結末で明らかになる。懲りない彼女は「懲りない南部」も思わせる。「明日は明日の」が男がらみの決意でも、白けるなかれ。永遠のタカビー女に反省は似合わない。

やや古めかしかった大久保訳に代わり、二〇一五年〜一六年には、鴻巣友季子訳（新潮文庫・全五巻）、荒このみ訳（岩波文庫・全六巻）が登場。ヒロイン像に微妙な差があるのがおもしろい。

●マーガレット・ミッチェル（一九〇〇〜一九四九）アメリカの作家。著作は『風と共に去りぬ』一冊のみ。怪我で部屋に籠もらざるをえなくなったのを機に、執筆を開始する。一〇年近い歳月をかけて完成させ、世界的に大ヒット。自動車事故で死去。
●出典…新潮文庫（大久保康雄・竹内道之助訳）

「会食があるんだ。すこし遅くなってから行く、あの……」

『ブラームスはお好き』（一九五九年）サガン

アラフォー女性の前に現れた美青年

ドラマでも現実の社会でも「年の差カップル」が流行の由。文学界隈でその方面の大家を探すとしたら、やっぱりフランソワーズ・サガンだろう。『ブラームスはお好き』は三角関係に悩むアラフォー女性が主人公の、けだるい恋愛小説だ。

ポールは三九歳のバツイチ女性。装飾デザイナーとして自立し、ロジェという数年来の恋人もいる。そんな彼女の前に現れた二五歳の美青年シモン。若い娘にウツツを抜かすロジェに愛想が尽きかけていたポールは、シモンの熱烈な求愛に応えようとするが。

表題はポールをデートに誘おうとシモンが出した手紙の一節に由来する。

〈『六時に、プレイエル・ホールでとてもいい音楽会があります』とシモンは書いていた、『ブラームスはお好きですか？　きのうは失礼しました』ポールはほほえんだ。彼女は二行目の『ブラームスはお好きですか？』にほほえんだのである。それは、彼女が十七ぐらいの時、男の子たちが彼女にきいたのとおなじ種類の質問だった〉

洋の東西を問わず、考えることはみないっしょ。とはいえ、そこは分別のある大人である。

腐れ縁の中年男と駄々っ子みたいな美青年の間で揺れながら、結局、彼女はロジェを選ぶ。去っていくシモンに向かって叫ぶポール。「もう、私、オバーサンなの」

三九歳でオバーサンとは失敬な話だが、加齢に対するおびえは書き出しにもしっかり刻印されていた。〈ポールは鏡にうつる自分の顔を見つめていた〉。

では若い男に嫉妬し、ようやく恋人を取り戻したロジェはどうだったか。〈八時に、電話が鳴った。受話器をとるまえに、彼女は、もうどういう電話かわかっていた。「ごめんね」とロジェが言った。「会食があるんだ。すこし遅くなってから行く、あの……」〉。

これがラスト。「あの……」の後がフェイドアウトするのはロジェの言葉をポールが聞いていない証拠である。ふたりの倦怠は止められないのだ。それでも「守りの恋愛」を選んだ大人の女。高級少女マンガと揶揄されたサガンだが、結末は意外に冷静。高級レディコミですかね。


一八歳のデビュー作『悲しみよこんにちは』とはちがったタイプの三角関係。早熟なサガンがこの作品を書いたのは、なんと二四歳のときだった。

●フランソワーズ・サガン（一九三五～二〇〇四）主な作品は『ある微笑』『優しい関係』等。ソルボンヌ大学在学中に『悲しみよこんにちは』を書き一躍文壇のスターに。その後、自動車事故で重傷を負ったり、薬物依存症になるなど波瀾万丈な人生を送った。
●出典…新潮文庫（朝吹登水子訳）

3 男子の生き方

虚勢を張る人、わが道を行く人、破滅に向かう人。
とかく男の人生は……。

薄暗い一室、戸外には風が吹《ふき》暴《あ》れていた。

『蒲団』（一九〇七年）田山花袋

一線を越せないオジサンの純情

田山花袋『蒲団《ふとん》』は文学史的にめちゃめちゃ有名な作品だ。女弟子が残していった蒲団に中年の作家が顔を埋めて泣く――サワリだけ聞くとワケのわからぬ小説である。

〈小石川の切支丹坂《きりしたんざか》から極楽水《ごくらくすい》に出る道のだらだら坂を下りようとして渠《かれ》は考えた〉という客観的な情景描写の後、おもむろに物語ははじまる。

主人公は作家の竹中時雄、三六歳。ことの発端は、弟子にしてくれといって、彼のもとに横山芳子という女学生が上京してきたことだった。妻と三人の子がいる身ながら、知的でハイカラな芳子に彼は胸ときめかせるが、東京での保護者という立場は崩せない。芳子にはやがて田中という神学生の恋人ができる。立場上、なおも二人を見守る時雄。が、事態は急転。田中と肉体関係をもったことがわかり、芳子は岡山の親元に帰還させられるのだ。

そして小説は、タイトルの由来にもなった問題のラストシーンへと向かう。

〈時雄はそれを引出した。女のなつかしい油の匂いと汗のにおいとが言いも知らず時雄の胸をときめかした。夜着の襟の天鵞絨《びろうど》の際立って汚れているのに顔を押附けて、心のゆくばかりなつかしい女の匂いを嗅いだ。／性慾と悲哀と絶望とが忽《たちま》ち時雄の胸を襲った。時雄はその蒲団を敷き、夜着をかけ、冷めたい汚れた天鵞絨の襟に顔を埋めて泣いた〉

ここで終われば、分別のある作家が醜態を大胆にさらしたという点で、むしろ衝撃的だっただろう。語り手はしかし、最後にもう一言つけ加える。

〈薄暗い一室、戸外には風が吹暴《ふきあ》れていた〉

冒頭と同様、いかにもシリアスぶった「客観描写でございい」な終わり方。戸外の暴風は、そりゃもう、時雄の心の内の暴風と呼応しているのである。

明治の三六歳は十分にオジサンだった。そばをうろちょろする若い女を意識しながらも、一線を越えない（越せない）オジサンの純情。ハタから見れば滑稽でも、最後のシーンは蒲団相手のほとんど濡れ場だ。「客観的なふり」でも装わなきゃ、恰好がつかないでしょう。

作家自身の内面を赤裸々に告白する自然主義文学（私小説）の端緒を開いた小説として、文学史に名を残す作品。これをパロッた中島京子『FUTON』とセットで読むとおもしろい。

●田山花袋（たやま・かたい　一八七一〜一九三〇）主な作品は『田舎教師』『時は過ぎゆく』等。自然主義を標榜し、事実を事実のまま客観的に描く作風で多くの小説を残した。明治末期から大正にかけての日本文学界に大きな影響を及ぼしたと言われる。
●出典…新潮文庫など

二人はそこにすべてを忘れて、感激の涙にむせび合うたのであった。

『恩讐の彼方に』（一九一九年）菊池寛

仇同士がトンカチ持って

奇岩で知られる大分県中津市の景勝地・耶馬渓《やばけい》に「青の洞門」はある。江戸中期（一七三〇～六〇年代）に禅海という坊さんが中心となり、三〇年をかけて掘ったトンネルだ。菊池寛『恩讐の彼方に』の舞台である。トンネル掘りだけでは地味すぎると思ったのか。作家はここに「仇討ち」という大衆好みの物語をつけ加えた。

江戸の旗本に仕える市九郎は、あろうことか主人の愛妾と通じ、主人を殺して女ともども江戸を出る。だが、後に出家。了海と名乗って諸国をめぐるうち、豊前の国（現在の大分県）で、交通の難所「鎖渡し」に行き着く。そこは遭難者が絶えない断崖絶壁であった。贖罪の念にかられた了海は、ひとり岩壁の掘削に取り組む。

と書くと美談だが、筆の運びはまるで劇画だ。〈市九郎は、主人の切り込んで来る太刀を受け損じて、左の頰から顎へかけて、微傷ではあるが、一太刀受けた〉。芝居の一場面を切り取ったような、こんなチャンバラシーンから小説はいきなりはじまるのである。

幕切れだって劇画的である。江戸を発って九年目。ようやく父の敵である了海を発見した旗本の息子・実之助。だが彼は、トンネルの貫通まで仇討ちは待つことにし、早く本懐をとげようと自らも槌《つち》を持つのである。了海が最初の槌を下ろして二一年、両者が出会って一年半。ついにトンネルは完成する。老いた了海の手をとる実之助。そして大衆演劇のような幕切れ。

〈二人はそこにすべてを忘れて、感激の涙にむせび合うたのであった〉

「恩讐の彼方に」とは「愛憎を超えて」くらいの意味。仇討ちなんて無意味だよというメッセージがこの結末には込められているわけだが、そもそも市九郎（了海）はあらゆる行動が衝動的かつ猪突猛進型の人物である。体育会系の主人公と、肉体中心の描写。

この作品が書かれた大正期は、大衆文学の勃興期。『大菩薩峠』や『半七捕物帳』や『鞍馬天狗』が人気を博し、大衆文学とは時代小説のことだった。了海も僧というより野武士っぽい。問答無用なこの結末。チョーンという拍子木の音とともに万雷の拍手が鳴り響きそうだ。

実在の禅海和尚は越後の生まれ。修行で諸国を巡る途中、ここで墜落死の現場に遭遇し、トンネル掘りを決意した。三四二メートルもあったという洞門の一部はいまも残り、中を歩いて見学できる。

●菊池寛（きくち・かん　一八八八〜一九四八）主な作品は『父帰る』『真珠夫人』等。旧制一高の同級生である芥川龍之介や久米正雄に比べ、評価が高まるには時間を要したが、後年は文藝春秋社をおこし、芥川賞、直木賞を創設、「文壇の大御所」と呼ばれた。
●出典…岩波文庫など

神に栄えあれ。

『野火』（一九五二年）大岡昇平

見放された兵士が戦場で見たものは

先の大戦において、大岡昇平はフィリピンのミンドロ島に一兵士として送られ、レイテ島の捕虜収容所で敗戦を迎えた。その体験をもとに書かれたのが、『俘虜記』（一九五二年）、『レイテ戦記』（一九七一年）を含めた三作の「戦争文学」である。

なかでも『野火』はもっとも「小説らしい小説」だろう。

物語は〈私は頬を打たれた〉でいきなりはじまる。レイテ島に上陸後まもなく喀血した「私」は患者収容所で三日をすごして退院するが、その後「中隊にゃお前みてえな肺病やみを、飼っとく余裕はねえ」と分隊長にいわれ、隊を追い出されるのである。

こうしてわずかな食糧と、銃と手榴弾を手にひとり山野をさまようはめになった「私」を襲う絶望的な飢え。極限状態におかれた人間の、生きのびるためのぎりぎりの選択（が何かは伏せておくけれど）。はじめて読む人は大きな衝撃を受けるだろう。

そうなんだけど、『野火』が戦争文学かというと、そこはやや微妙。終盤にいたって、読者はこの物語が「精神病院の一室」で書かれた手記であることを知る。でもって最後、幻覚と幻聴の中で「私」の意識は神に向かうのだ。〈もし彼が真に、私一人のために、この比島の山野まで遣わされたのであるならば——／神に栄えあれ〉。

哲学問答か宗教問答かというような末尾の一文は、〈死者の証言は多面的である〉という、後に書かれた『レイテ戦記』のラストとはあまりにも対照的だ。舞台が戦場で、語り手が兵士であっても『野火』で戦争は学べない。「私」は隊を離れた兵士だし、彼が出会う同胞もすでに兵士の体をなしていない。「個」の内面を追究すればするほど、それは戦争の実相と離れた「文学」になってしまう。神なんかに収斂させたらダメなんだってば、戦争は。

ということをほかならぬ大岡昇平は誰よりもよく知っていて、だからこそ後に大部の『レイテ戦記』が書かれたのではなかったか。その意味で、『野火』のラストは、二作の間をつなぐ、まさに「神の啓示」的な一文だったかもしれない。


『野火』の中で印象的なのは〈戦争を知らない人間は、半分は子供である〉という一文だ。二〇一五年には映画化（塚本晋也監督・主演）され、国際的にも高い評価を受けた。

●大岡昇平（おおおか・しょうへい　一九〇九～一九八八）主な作品は『俘虜記』『レイテ戦記』等。太平洋戦争時、フィリピン・ミンドロ島での俘虜体験が主要作の大きなモチーフとなっている。詩人中原中也や富永太郎に関する論考、スタンダールの翻訳でも知られる。
●出典…角川文庫など

そして、彼等は、立ち上った。——もう一度！

『蟹工船』（一九二九年）小林多喜二

●地獄の底から立ち上がる労働者

小林多喜二『蟹工船』。二〇〇八年、まさかのベストセラーになった、プロレタリア文学の代表的な作品である。長く文学史の中で眠っていた作品が再び時代の脚光を浴びたのは、現代の派遣労働者らの実態が『蟹工船』と重なるからだったといわれる。

小説は〈「おい、地獄さ行《え》ぐんだで！」〉という強烈なせりふではじまり、函館からオホーツク海に出航した蟹工船・博光丸のなかの過酷な日々を追う。名前で呼ばれるのは漁業監督の浅川くらいで、あとは固有名詞をもたない雑多な労働者たちの群像だ。古さを感じさせないルポルタージュ風のタッチも、若い読者をひきつけた要因だろう。

ラストも、書き出しに負けず劣らず強烈である。「やめたやめた！」漁夫のそんな一言から広がったサボタージュ。三〇〇人規模のストライキへと発展するも、結局敗れた労働者たち。しかし「糞壺《くそつぼ》」と呼ばれる船室で彼らは話し合うのである。「このまゝ仕事していたんじゃ、俺達本当に殺されるよ」「死ぬか、生きるか、だからな」「ん、もう一回だ！」。

そして印象的な、幕切れの一文。

〈そして、彼等は、立ち上った。——もう一度！〉

もう一度！　このラストに『蟹工船』が共感を呼んだ理由の一端があらわれている。そこにあるのは、あきらめるな、というメッセージである。「地獄に行く」ところからはじまり、地獄の底から立ち上がる直前で終わる。昭和のプロレタリア文学式にいえば「階級的な目覚め」だが、平成の格差社会風にいえば「ワーキングプアの逆襲」だろう。

『蟹工船』が発表された一九二九年は世界大恐慌の年で、リーマンショック後の二〇一〇年前後と状況が似ていた。小説には〈二度目の、完全な「サボ」は、マンマと成功した〉云々という短い「附記」（後日談）がつき、〈この一篇は、「殖民地に於ける資本主義侵入史」の一頁である〉という蛇足で閉じられるのだが、ここはオマケと考えたい。サボが成功したかどうかは別の話。立ち上がる寸前で終わるから『蟹工船』はカッコイイのだ。

とはいえ『蟹工船』の欠点は、イデオロギーが先行し、蟹缶作りの労働現場が描かれていないことだろう。実際の蟹工船については、五稜郭に近い函館市北洋資料館などで学ぶことができる。

●小林多喜二（こばやし・たきじ　一九〇三～一九三三）主な作品は『党生活者』等。北海道拓殖銀行に勤めながら共産主義運動に傾倒、プロレタリア文学の旗手となる。共産党員労働者の人間像や権力による思想弾圧への憎悪を描いた。特別高等警察により拷問虐殺された。

●出典…新潮文庫など

小春日和の青白い光が、山麓《さんろく》の村に降りそそいでいる。

『たそがれ清兵衛』（一九八三年）藤沢周平

仕事終わりの時間になるとそそくさ家路を急ぐため、同僚に「たそがれ清兵衛」と呼ばれている井口清兵衛。仕事より家庭を大切にする武士を描いた藤沢周平『たそがれ清兵衛』は、ワークライフバランスについてちょっと考えさせる小説だ。

愛妻家だけど外では剣豪

病妻をかかえた清兵衛は家事と介護のために早く帰っていたのだが、剣の腕を買われ、上司に上意討ち（主君の命令で罪人を討つこと）を命じられてしまう。一度帰宅し、妻の世話をしてから約束の場に来るという清兵衛。だが、待てど暮らせど彼は現れない。あせった上司は内心毒づく。〈女房の尿《しし》の始末か、ばかめ！〉。

モーレツサラリーマンがまだ多かった八〇年代、働きすぎの日本人を立ち止まらせる意図もあったのかもしれない。同名の短編集に収められた八編は「うらなり与右衛門」「ごますり甚内」「ど忘れ万六」など、いずれもうだつの上がらぬ下級武士が主役。彼らはしかも愛妻家だったり恐妻家だったりし、出世しそうでは全然ない。ただ八〇年代にはまだ仕事に夢があった証拠に、彼ら冴えない下級武士たちは、じつはみな隠れた剣の達人で、ここ一番にはみごとな働きをするのである（このへんがお父さんに人気の所以）。そんなわけで清兵衛も、藩主の交代を画策する筆頭家老を一撃で討ち取り、妻をしっかり療養させたいという望みをかなえる。

ラストは郊外で静養中の妻を清兵衛が訪ねる場面である。歩けるようになった妻に感動し、やさしく彼女の手をとる清兵衛。

〈小春日和の青白い光が、山麓《さんろく》の村に降りそそいでいる〉

絵に描いたようなハッピーエンド。なんだけど、時は江戸だし、清兵衛は剣の名手である。そのわずか三〇分前、彼は道で刺客をバッサリ斬り捨てているのである。

こういう展開にいちいちつまずいていたら時代小説は読めないが、病妻を見舞う道中でひき逃げをしてきたみたいな感じ。もちろん、それが剣豪の宿命ってものなんだろうけどさ。残忍な行為を美しい光景でさっと糊塗する作家の腕も、剣豪並みだ。

表題作の舞台は藤沢周平作品ではおなじみの「海坂藩《うなさかはん》」（モデルは庄内藩）と思われる。二〇〇二年の映画は山田洋次監督がはじめて手がけた本格時代劇として話題になった。

●藤沢周平（ふじさわ・しゅうへい　一九二七〜一九九七）主な作品は『隠し剣孤影抄』『用心棒日月抄』等。業界紙の編集をする傍ら創作を重ね、『暗殺の年輪』で直木賞受賞。以後、本格的な作家生活に入り、人気作家として旺盛に執筆した。
●出典…新潮文庫など

お蔦の黒髪を抱きながら、早瀬は潔く毒を仰いだのである。

『婦系図』（一九〇七年）泉鏡花

師を棄てるか、女を棄てるか

泉鏡花『婦系図《おんなけいず》』といえば悲恋の物語。元芸者のお蔦が湯島天神で口にする「切れるの別れるのって、そんなことは、芸者のときにいうものよ。私にゃ死ねと云って下さい」というせりふも有名だ。ところが舞台や映画で有名なこのせりふは、『婦系図』を探しても出てこない。原作は悲恋というより復讐劇で、お芝居とはだいぶ異なる作品なのだ。

主人公の早瀬主税《ちから》は恩師・酒井俊蔵の下でドイツ語を修めた陸軍参謀本部の翻訳官。柳橋の芸妓だったお蔦と所帯をもつが、恩師の酒井にはないしょである。そこへもちあがった酒井の娘・妙子と静岡の名家の御曹司・河野英吉の縁談。英吉に妙子の身元調査を依頼された早瀬は怒ってこれを断るが、その早瀬もお蔦との関係を見とがめられ、〈俺を棄てるか、婦《おんな》を棄てるか〉と迫られて〈婦を棄てます。先生〉と誓うのだ。

ここまでが前半で、東京での職を追われ、お蔦とも別れて静岡に移った早瀬は、後半、人を血筋や経歴で判断する世間と河野一家への復讐に生きることになる。

ここからはもう「えーっ」「ええーっ」の連続。ラストへの道も急転直下である。

河野家の家長・英臣と久能山東照宮で対決した早瀬は、修羅場の中で河野家の人々が次々に死んでゆくのを見届ける。そして唐突に訪れる結末。〈其夜、清水港の旅店に於て（略）お蔦の黒髪を抱きながら、早瀬は潔く毒を仰いだのである〉。

文庫版の『婦系図』にはこの後、「いまのは全部ウソでした」的な早瀬の遺書がついているのだが、その後さらに〈早瀬は潔く云々以下、二十一行抹消〉という作者の断り書きがある。モデル問題などもからみ、鏡花は結末でかなり悩んだらしい。

しかし、作者の意図に従えば、やはり新聞連載時の結語〈早瀬は潔く毒を仰いだのである〉を末尾と考えるべきだろう。日本文学には珍しいピカレスクロマン（悪漢小説）。早瀬もワルだが、河野家の女たちの悪女ぶりも相当なものである。それに比べたら途中で病に倒れて死ぬお蔦など、ほんの端役だ。最後に遺髪で登場するのがせめてもの慰めか。でも遺髪だからな。

くだんの「切れるの別れるのって……」は『婦系図』のスピンオフ的な戯曲『湯島の境内』（一九一四年）のなかの一節。存在感の薄いお蔦に、鏡花はせめて花を持たせようとした？

●泉鏡花（いずみ・きょうか　一八七三～一九三九）主な作品は『照葉狂言』『高野聖』『歌行燈』等。尾崎紅葉門下で修業を積む。主要作には芸妓がしばしば登場し、彼女たちの心の悲しみを描いた。夏目漱石や志賀直哉、芥川龍之介らによる評価も高い。
●出典…新潮文庫

私の今日までの人生があの人について語っていた。

『沈黙』（一九六六年）遠藤周作

転びバテレンの苦悩と決断

島原の乱（一六三七〜三八年）から間もない徳川政権下の日本。棄教した師の消息を追って、長崎に潜入したイエズス会の神父ロドリゴ。遠藤周作『沈黙』は、主としてこのロドリゴの視点で「転び（改宗）」の問題を語った異色の長編小説である。ユダにも似たキチジロー、長崎奉行の井上筑後守らがからみ、ハラハラ、ドキドキの展開が待っている。

模範的な神父だったロドリゴは最後は踏み絵をふむが、それは拷問の苦痛に耐えかねたからではなかった。穴吊りにされた信徒たちのうめき声。「お前が転べば彼らは穴から引き揚げられ、苦しみから救われる」という旧師の説得。踏み絵に足をかけた瞬間、彼は神の声を聞くのである。

〈踏むがいい。お前の足の痛さをこの私が一番よく知っている〉

こうして転びバテレンとなったロドリゴは、屈辱の中で、しかし自分の正義を確信するのだ。ラストの一文は、作中で何度もくり返される「神よ、なぜあなたは黙っているのか」という問いに対する回答、逆説的な信仰告白といってもいいだろう。

〈あの人は沈黙していたのではなかった。たとえあの人は沈黙していたとしても、私の今日までの人生があの人について語っていた〉

あの人とはむろんキリストのこと。キリストだって、苦しむ人のためには転んだはずだ。今日までの苦難も、それを知るための神の導きだったのだ。――逆転の発想である。

小説にはこの後「切支丹屋敷役人日記」と題された後日談がつき、岡田三右衛門と名を変えて江戸に送られたロドリゴのその後が記されている。そちらの末尾は〈火葬料金百疋《びき》さし遣し候、弔ひの具入り用ども、三右衛門所持の金子にて相払ひ候〉。

六四歳で死んだロドリゴ改め三右衛門を戒名つきで火葬した、つまり仏教徒として葬ったという話である。文語文の日記の形をとった後日談なので、読み飛ばしても可と判断したが、読めば棄教後の三右衛門（ロドリゴ）にも相当なドラマがあり、信仰は守り続けていたらしいことがわかる。もっとも過酷にして深淵な「名を捨てて実を取る」の物語である。

真偽は不明だが、発表当時カトリック教会から拒否されたという噂も残る作品。「沈黙の碑」と遠藤周作文学館が建つ長崎県外海町は、いまはちょっとした観光地だ。

●遠藤周作（えんどう・しゅうさく　一九二三〜一九九六）主な作品は『海と毒薬』『侍』等。カトリック信仰を持ち、現代カトリック文学研究のため渡仏。帰国後『白い人』で芥川賞受賞。主要作には、日本においてキリスト教信仰は真に可能かという主題が多い。
●出典…新潮文庫など

この杯ゆ、飲む酒は、／涙をさそふ酒なりき。

『四十八歳の抵抗』（一九五六年）石川達三

娘の結婚相手に「ちくしょうめ！」

四八歳といっても、いまはもう「初老」なんかじゃ全然ない。大沢たかお、桑田真澄、佐々木蔵之介、つんく♂、名倉潤、山崎邦正、渡部篤郎（以上一九六八年生まれ）、及川光博、加藤浩次、田辺誠一、槇原敬之、福山雅治、的場浩司、吉田栄作（以上六九年生まれ）という風に名前をあげてみても、みんな現役バリバリ。老いの影はみじんもない。

しかし、半世紀前はちがった。男性の平均寿命が六五歳前後、定年が五五歳だった時代。このまま人生を終わりたくないという焦りはいま以上だったはずである。石川達三『四十八歳の抵抗』は、そんな時代の男性のささやかな抵抗を描いた長編小説だ。

主人公の西村耕太郎は保険会社に勤める四八歳のサラリーマン。次長職にあり、妻と二三歳の娘もいる。その彼がどんな抵抗に手を染めたかというと、部下の女性や元芸者のおねえさんにフラッとしたり、部下に誘われてヌード写真の撮影会に参加したり、その程度。最後には一大決心をしてバーに勤める一九歳のユカちゃんと熱海へ温泉旅行に出かけるがそれでどうにかなるわけでもなく……。

通俗的なこの小説に多少の綾を与えているのはゲーテの『ファウスト』だろう。作中には悪魔のメフィストフェレス張りに彼を誘惑する、敵とも味方ともつかぬ部下も登場。西村は駅前の書店で買った『ファウスト』に自らを重ね合わせているのである。

そんなわけでラストも森鷗外が訳した『ファウスト』からの引用である。

〈この杯ゆ、飲む酒は、／涙をさそふ酒なりき。（ファウスト）〉

「この杯ゆ」の「ゆ」は動作の手段を表す古語で、「～で」の意味。娘の理枝の結婚式で、西村がいよいよ老いを悟る場面である。この「涙」は初老の男の敗北の涙である。西村の抵抗は、戦後派世代の若者たちへの抵抗だったともいえるからである。娘の彼氏がまだ一九歳の学生と知って彼はいきり立つ。「ちきしょうめ！　何といううませたやつだろう」。彼がその年の頃には映画のラブシーンにも赤くなるほど純情だったのに！　石原慎太郎『太陽の季節』の翌年のベストセラー。「太陽族」と呼ばれた若い世代への対抗意識が見え隠れする。

『ファウスト』第一部は初老の哲学者ファウスト博士が、魂を売り渡すことを条件に町娘のグレートヒェンと恋をする物語。行動はショボいが、本書はそのパロディともいえる。

●石川達三（いしかわ・たつぞう　一九〇五～一九八五）主な作品は『蒼氓』『生きている兵隊』『人間の壁』等。『蒼氓』で第一回芥川賞受賞。ブラジルでの農場生活、戦中の従軍記者体験などを経て、流行作家となり活躍。特に新聞小説は高い人気を集めた。
●出典…新潮文庫

だからこの阿呆らしき時刻表極道の物語を終ることにする。

『時刻表2万キロ』（一九七八年）宮脇俊三

●未乗区間の路線を求めて東へ西へ

鉄道ファンを自称するあなたなら、当然、この本は知っているだろう。

宮脇俊三『時刻表2万キロ』。〈鉄道の「時刻表」にも愛読者がいる〉の一文ではじまるこの本は、鉄道マニアの存在を世に知らしめた記念碑的なノンフィクションであり、当時の国鉄全線を乗りつぶすまでの汗と涙の記録である。

なんといっても秀逸なのは、国鉄全線の九〇パーセント近くを乗り終えたところから、この本がはじまることであろう。乗り残した一〇パーセントあまりの区間は距離にすれば短いが、多くは僻遠の赤字線。しかもそれが全国にちらばっている。わずか数キロ、ときにはたった一駅分の未乗区間に乗るために、以前に乗った特急や急行を乗り継ぎ、あるいは金曜の夜行列車に飛び乗って、あるときは九州へ、またあるときは北海道へ……。

それでも最後のときはやってくる。子どもの頃から四〇年以上時刻表を愛読してきた著者は、足尾線を最後に国鉄完乗を果たすと、時刻表を買い忘れるほど、はりあいを失ってしまうのだ。そこに入ってきた気仙沼線全線開通の朗報！　最終章はその気仙沼線にも乗ってしまった著者の切ないつぶやきである。〈これでまた乗る線がなくなってしまった〉。一九七〇年代後半は国鉄の赤字経営が問題化し、新線の計画も勢いを失いはじめた時代だった。そして迎える身も蓋もないエンディング。〈とにかく、乗るべき線がないから、もう書くこともない。だからこの阿呆らしき時刻表極道の物語を終ることにする〉。〈いかにも締まりがないので〉という断りつきで、じつはこの後、カレル・チャペック『園芸家12カ月』からの引用がつく。〈「本物、いちばん肝心のものは、わたしたちの未来にある。新しい年を迎えるごとに高さとうつくしさがましていく。ありがたいことに、わたしたちはまた一年齢《とし》をとる。」〉。この終わり方も悪くはないが、ここは著者の含羞から来る、いうなればオマケである。〈阿呆らしき時刻表極道〉の一言を噛みしめるべし。真性のマニアは自分の趣味を吹聴しない。そのヤセ我慢ぶりがまたおもしろいのである。

本書に登場する路線の七割以上が後に廃線になったが、足尾線は「わたらせ渓谷鐵道」に模様替え。気仙沼線は東日本大震災後、ＪＲ東日本によるバス専用道として整備し直された。

●宮脇俊三（みやわき・しゅんぞう　一九二六〜二〇〇三）主な作品は『最長片道切符の旅』『時刻表昭和史』等。中央公論社に勤め、『世界の歴史』『日本の歴史』シリーズ、「中公新書」を創刊。退職後、良質なエッセイを数多く執筆し、鉄道紀行文学というジャンルを確立した。
●出典…河出文庫など

ありがたいことに、わたしたちはまた一年齢《とし》をとる。

『園芸家12カ月』（一九二二年）カレル・チャペック

●園芸マニアの永遠のバイブル

ガーデニングのブームが続いているが、この本を知らないガーデナーはモグリだといっておこう。『園芸家12カ月』。チェコを代表する作家で、無類の園芸マニアでもあったカレル・チャペックの極上のエッセイだ。一月から一二月まで、季節を追って記述される本書で観察され、分析されているのは「園芸」ならぬ「園芸家」の生態である。

園芸家が生き生きする四月。それは芽吹きと移植の季節である。だから〈四月の園芸家とは、干からびかかった挿木苗を手にもち、自分の庭を二〇ぺんぐらいぐるぐる歩いて、どこかに一箇所ぐらい何にも植わっていない場所はないかとさがしまわる男のことだ〉。

七月の主な仕事は水やりである。しかし〈なかんずくいちばんたっぷり灌水ができるのは自分自身だ〉と園芸家はいう。〈ホースというやつは、いちばん思いがけない、真ん中へんのどこかに穴をあけたがる〉癖があり、いつも頭から噴水を浴びるハメになる。

最後「12月の園芸家」の章にいたって、ようやく園芸家は気づく。

〈庭が雪の下にしずんでしまったいまごろになって、急に園芸家は思い出す。たった一つ、

忘れたことがあったのを。――それは、庭をながめることだ〉

園芸家のみならず、すべてのマニアをして「うわっ、私のことみたい」と苦笑させずにおかないこの本は、ちょっとこう、人生の書だったりもするのである。〈われわれ園芸家は未来に生きているのだ〉と作家はいう。バラが咲くと来年はもっときれいに咲くだろうと考える。一〇年たったらこの木はもっと育つ。五〇年後はもっとである。〈本物、いちばん肝心のものは、わたしたちの未来にある。新しい年を迎えるごとに高さとうつくしさがましていく。ありがたいことに、わたしたちはまた一年齢《とし》をとる〉

これが最後の一文。園芸家の目で見れば、年月がたつことこそが至上の喜びだ、というのである。現在という土の中にも、見えないだけで、たくさんの芽が育っている。現在を悲観するなかれという作家、いや園芸家からのささやかなメッセージ？

当時のチェコはナチスの侵攻前夜。作者は抵抗を続けていた。と考えると、この結末にももうひとつの意味が加わる。兄のヨゼフ（後に強制収容所で死亡）の挿絵も楽しい本。

●カレル・チャペック（一八九〇〜一九三八）主な作品は『山椒魚戦争』、戯曲『白疫病』『母』等。チェコの国民的作家。「ロボット」という名詞は彼の出世作である戯曲『ロボット』に由来する。『山椒魚戦争』や戯曲『母』等、晩年の作でナチスを鋭く批判した。
●出典…中公文庫（小松太郎訳）

人にして人を毛嫌いするなかれ。

『学問のすゝめ』（一八七六年）福沢諭吉

最初より最後が使える自己啓発書

〈天は人の上に人を造らず人の下に人を造らずと言えり〉

福沢諭吉『学問のすゝめ』のあまりにも有名な書き出しだ。でも、誤解してはいけない。諭吉はべつに「人類はみな兄弟」という平等思想を説いたわけではない。

「世の中には賢い人と愚かな人、貧しい人と富める人、身分が高い人と低い人がいるでしょ。その差はどこにあると思う？」（意訳）と話は続き、それは学問があるかないかの差だ（賢人と愚人との別は、学ぶと学ばざるとに由《よ》って出来《いでく》るものなり）と結論づけられる。

〈人は生れながらにして貴賤貧富の別なし。ただ学問を勤めて物事をよく知る者は貴人となり富人となり、無学なる者は貧人となり下人となるなり〉

学ばぬものは「貧人」となり「下人」となるのだ。だからみなよく学べ、と。

『学問のすゝめ』は明治の大ベストセラーだった。一八七二（明治五）年から五年にわたって全一七編の小冊子の形で出版され、一編二〇万部として計三四〇万部は売れたはずだと諭吉自身も豪語している。内容的にはいまでいう自己啓発書、ビジネス書に近い感覚。江戸の身分制度はもう古い。実学を学び、政府にも意見をいえる人民になれと鼓舞するそのアジテーションは、時代が変わったことを人々に実感させたにちがいない。

最後の「十七編」は「人望論」と題された自己PR論、コミュニケーション論である。碁、将棋、食事、茶、腕相撲、何でもよい、幅広く人と付き合えと彼はいう。

〈世界の土地は広く人間の交際は繁多にして、三、五尾の鮒《ふな》が井中《せいちゅう》に日月《じつげつ》を消《しょう》するとは少しく趣きを異にするものなり。人にして人を毛嫌いするなかれ〉

世界は広い。井の中の魚とはちがうのだ。――世界を見てきた人らしい一文である。抽象的な冒頭より、こちらのメッセージのほうが汎用性は高い。明治以降のエリートは諭吉の教えを曲解し、争って学歴の取得を目指したが、これからはラストの一文を広めたい。人間関係で悩む若者にはぜひ一言。諸君、「人にして人を毛嫌いするなかれ」だよ。福沢諭吉もそういってるよ。

とはいえ本書はやはり男子向き。女子向きなのは、同じ福沢諭吉の『女大学評論・新女大学』(石川松太郎編『女大学集』所収)。こちらは先取性と差別性が混在しているのがおもしろい。

●福沢諭吉（ふくざわ・ゆきち　一八三五〜一九〇一）主な作品は『西洋事情』『文明論之概略』『福翁自伝』等。青年期にアメリカやヨーロッパを訪問、英米流の民主主義思想を学ぶ。帰国後、慶應義塾を設立。若い世代や国民への啓蒙、日本の近代化に尽力した。

●出典…岩波文庫など

老人はライオンの夢を見ていた。

『老人と海』（一九五二年）ヘミングウェイ

老いた漁師とカジキの格闘

ヘミングウェイ『老人と海』。この表題から、昔、私がイメージしていたのは、うららかな春の海でのんびり釣り糸を垂れる老人の姿だった。

もちろんそれは大まちがい。物語の骨格をなすのは老いた漁師と巨大なカジキとの死闘である。四日間にわたる格闘の末、ようやく彼は大魚をしとめるが、舟の横にくくりつけた獲物はサメに無惨に食いちぎられ、港に戻ったときには残骸だけになっていた。

大昔の私が誤解したのも無理はない（と思いたい）。主人公のサンチャゴは、青っちろい日本文学にはあまり登場しないタイプの老人だからだ。彼は肉体派である。そして肉体派らしく、自らの肉体の衰えを誰よりも知っている。小説が〈かれは年をとっていた〉という一文ではじまるのも、やせこけた四肢や褐色のしみができた皮膚がわざわざ描写されるのも、ひとりで海に出たサンチャゴが「がんばるんだぞ」と左手に話しかけたり「頭よ、しゃんとしろ」と自分に活を入れるのも、肉体派の視点でつづられた小説ならではだ。

そんな彼が眠るたびに見るのはライオンの夢である。

ラストもそう。港に戻った彼は眠りこけている。いつも老人を手助けしてきた少年が彼の寝姿を見守っている。そして最後の一文。

〈老人はライオンの夢を見ていた〉

なぜライオン？　百獣の王に過去の自分を重ね合わせている？

ページをさかのぼると、このライオンは必ずしもハンターとしてのライオンではないことがわかる。〈ライオンは薄暮のなかで子猫のように戯れている。老人はその姿を愛した〉。ヘミングウェイの猫好きは有名だが、牙を抜かれたライオンは猫なのだ。

と考えると、『老人と海』は本当は猫でいたかったライオンの物語と読めなくもない。残骸となったカジキは満身創痍の老人と重なるが、夢の中のライオンは平和である。心身ともにマッチョたることを求められるアメリカ式ヒーローの悲喜劇。春の海でのんびり釣り糸を垂れる東洋の太公望のほうが幸せかもしれないなあ。

キューバを愛する作家がキューバを舞台にキューバで書き上げた作品。本書のもうひとりの重要人物は老人を尊敬するマノーリン少年だ。この子の存在が小説に光を与えている。

●アーネスト・ヘミングウェイ（一八九九〜一九六一）主な作品は『誰がために鐘は鳴る』『武器よさらば』等。アメリカの作家。第一次大戦の経験を材に作品を多く執筆。一九五四年にノーベル文学賞受賞。晩年は二度の飛行機事故による後遺症にも悩まされ、猟銃自殺。

●出典…新潮文庫（福田恆存訳）

これがこの私の、お天道《てんと》さまもはばからぬ横道《おうどう》の報いやと、いまこそ思い知られるよな心持でござります。

『おはん』（一九五七年）宇野千代

別れた妻とヨリが戻って

タイトルは女性名だが、主人公は男。宇野千代『おはん』は風変わりな小説である。語り手の「私」は七年前、芸妓のおかよとデキて、妻と別れた男だが、ある日、元妻のおはんと再会、以後、おかよの目を盗んで密会を重ねることになってしまう。別れた後で生まれた息子の悟は知らない間にもう七歳。親子三人でやり直そうと引っ越し先の家まで決めた「私」だが、おかよと一三歳になる養女のお仙と暮らすいまの家にも愛着があって……。二つの家庭の間でおろおろする男。関西でいう典型的な「あかんたれ」である。

内容もさることながら、この小説の最大の特徴は、関西系の話し言葉で全編が書かれていることだ。小説全体が大きな「　」でくくられているのである。

〈よう訊《き》いてくださりました。私はもと、河原町《かわらまち》の加納屋《かのうや》と申す紺屋《こうや》の倅《せがれ》でござります〉と語りだされた小説は、〈わが身の阿呆《あほう》がおかしゅうてなりませぬ〉といったエクスキューズを思いっきり挟みながら進行し、最後もやっぱり自虐的な懺悔で幕を閉じる。

〈これがこの私の、お天道《てんと》さまもはばからぬ横道《おうどう》の報いやと、いまこそ思い知られるよな心持でござります〉。「横道の報い（人の道を外れたことによる報い）」とは、息子の悟の不幸な事故と、おはんとの別れを指す。阿呆の報いで天罰が下ったのだと。

しかし、彼はほんとに反省したのだろうか。自分を阿呆だ阿呆だといってるが、このような「下手に出る作戦」こそモテる男の処世術（この種の男に弱い女がいるのだ、世間には）。本人は地獄ぶっても、二人の女に愛された「私」の人生が天国でなくて何だろう。そもそもこうやって読者に「懺悔」していること自体、自慢たらたらじゃないよっ。「ござります」という語尾も手伝って、まるで江戸の世話物浄瑠璃のような読み心地。ダメな男とズルい男は紙一重である。遊女の小春と妻のおさんの間でおろおろする『心中《しんじゅう》天網《てんのあみ》島《じま》』の紙屋治兵衛の末裔ですかね。

映画で「私」を演じたのは石坂浩二。おはんは吉永小百合、おかよは大原麗子。舞台は錦帯橋で知られる山口県岩国市。宇野千代の故郷でもあるこの街では「おはんバス」が走っている。

●宇野千代（うの・ちよ　一八九七〜一九九六）主な作品は『色ざんげ』『或る一人の女の話』等。尾崎士郎、東郷青児ら多くの男性芸術家と恋愛、結婚、破局を繰り返しながら晩年まで旺盛な創作を続けた。着物デザイナー、編集者、実業家など多岐にわたる分野で活躍。

●出典…新潮文庫など

それも過たず矢は的に命中していた。

『旅愁』（一九四六年）横光利一

パリが舞台の三角関係

横光利一は短編『機械』などで知られる作家だが、眠れぬ夜にだらだら読むのにぴったりな長編小説はこれ。未完の大作『旅愁』である。物語がすばらしくおもしろいってわけではない。ただ、西洋と東洋のバトルの具合がすさまじい怪作なのっ！

小説はいきなり昭和一〇年のパリからはじまる。矢代耕一郎は歴史学を学ぶ留学生。船上で知り合った久慈とは論敵である。「あーあ、どうして僕はパリへ生まれて来なかったんだろう」と語る西洋かぶれの久慈とは対照的に、矢代は外遊先で「日本」に目覚めた日本主義者だ。ここに千鶴子なるお嬢様がからんで恋のさやあてがはじまるが、意外にも、彼女のハートを射止めたのはチャラ男の久慈ではなく、朴念仁《ぼくねんじん》の矢代であった。

ここまでがパリを舞台にした上巻で、下巻で舞台は日本に移り、矢代は千鶴子と婚約する。しかし、彼には大きなわだかまりがあった。千鶴子がカトリック教徒であるのに対し、矢代の先祖はキリシタン大名・大友宗麟の大砲に滅ぼされた城の主だったのだ！

だから何？　と思うが矢代は大マジメである。自分を細川忠興、千鶴子を妻のガラシャ、久慈を高山右近に重ねて悩み続け、結婚を一日のばしにするんだから（おいおい）。

　後半の山場は、急死した父の納骨で彼が大分を訪れ、先祖が滅ぼされた城跡に登ってみる場面である。〈黒松の幹の間から海の見えるのが、ここに棲ったものの今もなおする呼吸のように和いだ色だった〉。ここで終われば美しい幕切れだった。

　しかし、作家はもっと壮大なドラマを構想していたのだろう。終盤、視点人物が久慈に移り、今度は久慈の物語がはじまるのかという直前で小説は終わる。戦争を憂慮するパリ時代の友人の講演を聞きながら、久慈はそれが別れた同棲相手への目くばせではないかと考える。〈それも過たず矢は的に命中していた〉ってくらいで、別の三角関係が発覚しそうなんだけど。

　『旅愁』は不評だった。戦後、古神道に傾倒する矢代の国粋思想が戦争協力的だと批判されたのである。志なかばで倒れた横光（と矢代）。この小説自体が滅ぼされた城のようだ。


自身のヨーロッパ体験（一九三六年）をもとに書かれるも、敗戦直後の作家の死で断絶した作品。新聞連載中は人気作家の欧州見聞録としてたいへんな好評を博したという。

●横光利一（よこみつ・りいち　一八九八～一九四七）主な作品は『日輪』『上海』『機械』『紋章』等。菊池寛の薫陶を受け、また川端康成ら新感覚派と呼ばれる新進作家集団の一人として活躍。戦時下に国粋主義の影響が見られる作品を書き、戦後は痛烈な批判を受けた。
●出典…講談社文芸文庫

こうしてぼくたちは、絶えず過去へ過去へと運び去られながらも、流れにさからう舟のように、力のかぎり漕ぎ進んでゆく。

『グレート・ギャツビー』（一九二五年）フィッツジェラルド

金と女の野望にかけた男の結末

ニューヨーク郊外の、とある邸宅で夜ごとくり広げられる華やかなパーティー。しかし、主催者であるジェイ・ギャツビーの経歴を出席者は誰も知らない。――フィッツジェラルド『グレート・ギャツビー』は、いろんな意味でアメリカ的な作品だ。一九二〇年代のアメリカは第一次大戦後の空前の好景気に沸いていた。日本のバブル期みたいなものである。

物語はギャツビーの家の隣に越してきた「ぼく」ことニック・キャラウェイを語り手に、ギャツビーが貧しい階層から成り上がったこと、また、ギャツビーとニックの親戚デイズィはかつて恋仲だったことなどを明かしていく。五年前、ギャツビーは名もない士官だったが、彼の海外遠征中にデイズィは恋人を裏切り、富豪のトム・ビュキャナンと結婚したのである。戦線から戻ったギャツビーは彼女を取り戻すべく、ビュキャナン夫妻が住む入り江の対岸に屋敷をかまえる。デイズィとの再会で夢は一瞬かなったように見えたが……。

金と女を手に入れる。ものすごくわかりやすい野望である。その野望にかけたギャツビーが迎えた結末はしかし、あまりに報われないものだった。

ラストの一文はこの小説でもっとも有名な部分である。故郷に帰る前夜、「ぼく」は亡きギャッビーを、新天地を求めて北米大陸に渡った祖先に重ねる。ギャッビーは未来を信じていた。だから、と「ぼく」は考える。〈こうしてぼくたちは、絶えず過去へ過去へと運び去られながらも、流れにさからう舟のように、力のかぎり漕ぎ進んでゆく〉。

このへんが彼我の文化の差、である。これが日本だったら、栄華をきわめて身を滅ぼしたギャッビーは「諸行無常」「盛者必衰の理」の例にされちゃうところである。フロンティア・スピリッツの国はちがう。隣人の不幸な運命さえ、明日へのパワーに変えるのだ。

ここまで観察者、報告者に徹していたニックは、この瞬間から自らの人生の主人公になったというべきだろう。「この世の中の人がみんなおまえと同じように恵まれているわけではない」という彼の父の忠告からはじまった小説。みごとな主役交代劇ではある。

ロバート・レッドフォード主演の映画でも知られる作品。小説は二〇〇六年に村上春樹の新訳が出版され、映画は二〇一三年にレオナルド・ディカプリオ主演でリメイクされた。

●スコット・フィッツジェラルド（一八九六〜一九四〇）主な作品は『美しく呪われし者』『夜はやさし』等。アメリカの作家。「失われた世代」の代表的作家で、一九二〇年代に最も活躍した。流行作家となるも遊興に耽って借金を抱え、アルコール依存症になり心臓麻痺で死去。

●出典…新潮文庫（野崎孝訳）

百有余年の今になるまで、譚《はなし》は活《い》きて遺《のこ》りける。

『五重塔』（一八九二年）幸田露伴

「ガテン系」歴史小説の傑作

世の人々は東京スカイツリーに夢中である。とは申せ、元祖日本の塔は、そりゃもう五重塔である。幸田露伴『五重塔』はその建設に取材したガテン系小説の傑作だ。

ときは江戸中期。腕はいいが気が利かぬ性格ゆえに「のっそり十兵衛」とあだ名されている大工の十兵衛。十兵衛の親分格で、仏教建築の実績もある棟梁の「川越の源太」。谷中の感応寺が五重塔を再建するに際して、十兵衛、源太、そして感応寺の住職朗円上人がどうしたか。この、つまり工事落札劇が前半の主なストーリーである。

実績もないくせに、絶対にこの仕事がやりたいと思いつめ、感応寺の朗円上人に涙ながら直訴する十兵衛は、いわば下請け専門の工務店主。彼の願いをただひとり理解する上人は、人間ができたクライアント。ひとりよがりな十兵衛に、手を焼き、腹を立てつつも、結局は十兵衛に仕事を譲り、裏で職人や資材の手配をつけてやる源太は、太っ腹なゼネコンの社長。文語文の小説とはいえ、その展開はまるで今日の企業ドラマのよう。

けれど、職人の世界は厳しい。はじめて大きな仕事を任された十兵衛にはいくたの試練がふりかかる。とりわけ大きな困難は、落成が迫ったある日、江戸を襲った大嵐だった。「大丈夫でございます」「暴風雨《あらし》が怖いものでもなければ地震が怖うもござりませぬ」。

塔はびくともしなかった。小説はファンファーレみたいな賛辞で閉じられる。

〈それより宝塔長《とこしな》へに天に聳《そび》えて、西より瞻《み》れば飛檐《ひえん》ある時素月《そげつ》を吐き、東より望めば勾欄《こう》夕《らんゆうべ》に紅日《こうじつ》を呑んで、百有余年の今になるまで、譚《はなし》は活《い》きて遺《のこ》りける〉

ときには月を、ときには夕陽を背にそびえたつ塔。小説はここで百年の時間をいっきに飛びこす。新聞紙上でこの小説の連載がはじまったのは、感応寺五重塔が再建された一七九一年（寛政三年）からちょうど百年目だった（最初の塔は一七七二年の明和の大火で焼失）。最後の一行で、これは感応寺二代目五重塔の縁起（起源）だったのだとわかる仕掛け。それを宗教者ではなく職人の目の高さで描いたところが、自身も職人芸的美文の名手だった露伴らしい。

十兵衛の予言通り、関東大震災にも戦災にも負けなかった塔は、東京タワーの建設がはじまった一九五七年、放火心中事件がもとで焼失した。現在の跡地には礎石のみが残っている。

●幸田露伴（こうだ・ろはん　一八六七～一九四七）主な作品は『風流微塵蔵』『連環記』等。文語体で作品を書き、『露団々』『風流仏』で文壇的地位を確固たるものとした。尾崎紅葉と共に「紅露時代」と称される時代を作り、古典にも通じた。作家の幸田文は娘。
●出典…岩波文庫など

偉大なリヴィエール、自らの重い勝利を背負って立つ勝利者リヴィエール。

『夜間飛行』（一九三一年）サン＝テグジュペリ

事故の夜、郵便会社の支配人は

『星の王子さま』しか知らない読者は「これが同じ作家の作品？」と思うだろう。あっちがヒューマンな子どもの論理の物語なら、こっちはおそろしく現実的な大人の論理の物語だからである。サン＝テグジュペリ『夜間飛行』は、デビュー作『南方郵便機』と同様、南米とヨーロッパの間を結ぶ航空郵便会社に所属する人々の姿を追った中編である。

小説はある一夜のできごとを描いている。パタゴニアとチリとパラグアイ。南と西と北から飛びたった三機の飛行機が、ブエノスアイレスめざして帰還しようとしていた。三方面から集まった郵便はここでまとめられ、ヨーロッパに空輸されるのである。ところが、ややあって暴風雨に巻き込まれ、パタゴニア便との連絡が途絶えた。夜の孤独の中で懸命に操縦桿《かん》を握るパイロットのファビアン。地上で無事を祈る郵便会社の支配人リヴィエール。で、どうなったか。〈リヴィエールは、いま、静かな歩を運んで、自分のきつい視線の前にうなだれる事務員たちのあいだを通り、仕事が待っている支配人室へと戻る。偉大なリヴィエール、自らの重い勝利を背負って立つ勝利者リヴィエール〉。

勝利者という以上、遭難は免れたのかと思いきや、すぐ前の文章は〈すでに、飛行機というこのパイプ・オルガンの歌が、天へ上りつつあった〉。答えはわかりますよね。

リヴィエールは、わずかな遅刻や故障も許さず、パイロットの処罰もいとわず、非常な悪天候でも事故の直後でも機を飛ばす冷徹な管理者である。胃が痛くなるような一夜。朝になればこの遭難が公になり、多くの非難が襲いかかってくるだろう。

そのリヴィエールの背中に、語り手は突然エールをおくるのだ。偉大なリヴィエール！　ここまで淡々としていた語り手が、感きわまって漏らした賛辞。

夜間の郵便飛行は当時、危険と隣り合わせのベンチャービジネスだった。それでもひるむな、とこのラストは主張する。リヴィエールの信条は「部下の者を愛したまえ。ただそれと彼らに知らさずに愛したまえ」。世界一高邁なビジネス小説。管理職として日夜たたかう孤独なあなたのための文学である。

通信文にのみ「燃料なおいくばくありや」というような文語を当てた堀口大學の名訳（一九三九年）も美しい作品。同様の郵便事業に従事した作者の体験も反映しているといわれる。

●サン＝テグジュペリ（一九〇〇～一九四四）主な作品は『南方郵便機』『人間の土地』『星の王子さま』等。フランスの作家、飛行家。航空隊での兵役を終えた後、航空会社のパイロットになる。第二次大戦中、偵察飛行のためコルシカ島を発進後に消息を絶った。

●出典…新潮文庫（堀口大學訳）

何よりも貴き宝持つ身には、富も誉れも願わざりけり

『牧野富太郎自叙伝』（一九五六年）牧野富太郎

バンカラ植物学者の破天荒な人生

土佐が輩出した人物というと、みんな坂本龍馬のことばっかりいうけれど、近代以降も傑物ぞろいだ。板垣退助、中江兆民、寺田寅彦、そして牧野富太郎！

日本の植物分類学の父として知られる牧野はまた、一般の植物同好会に積極的におもむくすぐれた啓蒙家であり、いまでいうボタニカルアート（植物画）の達人であり、自由闊達な随筆の書き手でもあった。〈花は、率直にいえば生殖器である〉ではじまる『植物知識』、馬鈴薯とジャガイモは別物だぞと吠える『植物一日一題』などの随筆集もおもしろいが、そのバンカラぶりは晩年の著作『牧野富太郎自叙伝』によく表れている。

〈土佐の国、高岡郡佐川《さかわ》町、この町は高知から西へ七里隔ったところにあり、その周囲は山で囲まれ、その間にずっと田が連り、春日川という川が流れている〉

郷里の自然誌から入るあたりはいかにもナチュラリストである。

しかし、その人生は半端じゃない。裕福な造り酒屋に生まれるも、幼くして両親を亡くし、寺子屋と郷校で学んだ後に入った小学校はつまらなくて中退。一時は自由民権運動に身を投

じ、二〇代は東京と高知を往復しながらの採集三昧。東大の植物学教室で研究に励むもいろいろあって出入り禁止になる、正式な助手に採用されても俸給がたった一五円かと嘆く、実家の財産は研究費に使いはたす、そのくせ子どもは一三人も生まれる……。六五歳で理学博士の学位を得た際に詠んだ歌はコレである。

〈何の奇も何の興趣も消え失せて／平凡化せるわれの学問〉

学者の称号なんか要らなかったのに、学位を押しつけられた。平凡すぎてつまらん、と。

自叙伝の末尾を飾るのは七五調のこんな詩だ。

〈終りに臨みて謡うていわく、／学問は底の知れざる技芸なり／憂鬱は花を忘れし病気なり／わが庭はラボラトリーの名に恥じず／綿密に見れば見る程新事実／新事実積り積りてわが知識／何よりも貴き宝持つ身には、富も誉れも願わざりけり〉

ときに牧野九一歳。「どうだ」と呵々《かか》大笑する博士、いや悪童の姿が目に浮かぶ。

本もだが、植物ファンには高知市の県立牧野植物園をすすめたい。牧野の没年の翌年にオープンした「わが庭はラボラトリーの名に恥じず」の言に恥じない植物園である。

●牧野富太郎（まきの・とみたろう　一八六二〜一九五七）主な作品は『牧野日本植物図鑑』『牧野植物学全集』等。東京大学理学部で植物分類学の研究に没頭。作成した標本は六〇万点に及び、二五〇〇種に上る新種・新変種の植物を命名。日本植物学の礎を築いた。
●出典…講談社学術文庫など

あれはせいぜい「バイア・コン・ディオス・マイ・ダーリン」までだったんだな。

『江分利満氏の優雅な生活』（一九六三年）山口瞳

出征世代は戦争を忘れない

山口瞳『江分利満氏の優雅な生活』は、直木賞受賞作らしい波瀾万丈とは無縁の作品だ。江分利満《えぶりまん》（三五歳）は東西電機の宣伝部に勤務するサラリーマン。妻の夏子（三四歳）とひとり息子の庄助（一〇歳）と、二軒続きのモダンなテラス・ハウスに住む。この家は社宅で、東横線の渋谷駅と桜木町駅の中間にある。電化ブームで会社は大企業への道を走っているが、電気製品は消耗品ではないので先行きが心配だ。江分利の手取りは四万円である。家計は楽ではないが、週に一度は大酒を飲まずにいられない。こんな調子で会社の人間関係を語り、母の死を語り、父の人生を語り、町や酒を語る。まるで履歴書。

いま読んでもさほど古さを感じないのは、軽妙な文章に加え、サラリーマンの日常が現在も半世紀前も基本的にはそう変わりがないからだろう。しかし、大正一五年生まれの江分利は、自分を古い人間と感じている。昭和二〇年、彼は終戦間際に徴兵された経験があり、戦場で多くの同世代が死んだことを忘れてはいないのだ。

最終章のタイトルは「昭和の日本人」。酔っぱらった江分利は戦前の神宮球場で見た大学野球や、戦後すぐの頃に見た米軍のライスボウルを思い出し、日米の〈死んで行った男たち、生き残った男たち〉を思う。〈白髪の老人は許さんぞ。美しい言葉で、若者たちを誘惑した彼奴《あいつ》は許さないぞ〉。だが、江分利より下の世代は戦争を知らない。〈ああいう時代や、ああいうことはもう終ったんだ、と思う。あれはせいぜい「バイア・コン・ディオス・マイ・ダーリン」までだったんだな〉

「バイア・コン・ディオス」とは江利チエミがカバーした昭和二八年発売のヒット曲。経済白書が「もはや戦後ではない」と述べたのは昭和三一年。江分利世代にとって、この数年の差は大きいのだ。「サラリーマンは気楽な稼業」とでもいいたげな表の顔とは裏腹に、ラストから浮かび上がるのは、ごく限られた世代——戦争と企業社会、二種類の「兵士」を経験した世代——の精神史である。書き出しは風俗小説っぽいけれど、最後はほとんど反戦小説だ。

植木等が「サラリーマンは気楽な稼業ときたもんだ」と歌う「ドント節」がヒットしたのもこの時代。ちなみに植木等も山口瞳と同世代である。

●山口瞳（やまぐち・ひとみ　一九二六〜一九九五）主な作品は『結婚します』『人殺し』『血族』等。洋酒会社のPR誌でコピーライターとして活躍しながら『江分利満氏の優雅な生活』で直木賞受賞。「週刊新潮」でのエッセー『男性自身』の連載は三一年に及んだ。
●出典…ちくま文庫

彼はすばらしい本場牡蠣《ロイヤル・ネイティヴ》が十三も、たった一シリングで買えた時分のことを思い出していたのである。

『月と六ペンス』（一九一九年）サマセット・モーム

絵のために妻子も恋人も捨てた男

平凡な株式の仲買人だった男が、四〇歳にして妻子を捨て、ロンドンからパリに出て画家になると宣言する。――サマセット・モーム『月と六ペンス』は、ポスト印象派の画家ゴーギャンの生涯にインスパイアされて書かれた作品といわれている。

〈はじめてチャールズ・ストリックランドを知ったとき、僕は、正直に言って、彼が常人と異なった人間だなどという印象は、少しも受けなかった。だが、今日では彼の偉大さを否定する人間は、おそらくいまい。（略）彼が嘲笑の的であった時代は、もはや過ぎ去った〉

これが書き出し。小説は画家の死後、作家の「僕」が知人であった彼の人生を回想する形式で進行する。ちょっと推理小説風な運びである。

なぜ一七年も連れ添った妻を捨てたのかと問う「僕」にストリックランドは答える。「ほほう、いけないかねえ？」。彼が友人の妻を奪い、その女性が自殺したときにも「僕」は問い詰めた。画家の答えは「もうあの女の話はたくさん。実にくだらない女だった」。この後ストリックランドはタヒチに移住し、そこでも新しい妻と子を得て創作に励むのだが……。

ストリックランド、絵しか頭にないヤな男です。でも、女にはもてるんです。

では女性の側はどうなのか。ラストはストリックランドの死後数年たって、老いた「僕」が彼の最初の妻を訪ねる場面だ。彼女は高価になった亡き元夫の複製画を飾り、天才の妻には夫の業績を広める義務があると語った。彼女の俗物ぶりにウンザリしながら「僕」は聖書の一節を口にしようとしてやめる。末尾の一文は〈彼はすばらしい本場牡蠣《ロイヤル・ネイティヴ》が十三も、たった一シリングで買えた時分のことを思い出していたのである〉。

「彼」とは語り手の叔父のこと。かつて二束三文だった天然ガキは、一九世紀半ばに海洋汚染の影響などで激減、「王室御用達のカキ」と呼ばれる高級食材となった。「偉大な芸術家」も、もとをたどれば「嘲笑の的」だったという皮肉である。芸術をまるで解さぬ男から見た芸術家の生涯。芸術家なんて世間からみたらこうなんだよ、という自嘲か。それとも諦念か。

タイトルは「芸術と現実」「天才と凡人」くらいの意味。語り手に同性愛的傾向を見る解釈もあり、もしそうなら「僕」がストリックランドを見る目にも複雑な要素が加わることになる。

●ウィリアム・サマセット・モーム（一八七四～一九六五）主な作品は『人間の絆』『赤毛』、戯曲『おえら方』等。イギリスの作家。フランスに生まれるも早くに両親を亡くしてイギリスにいる叔父に引き取られた。医学校を卒業したが、文学の道に進む。戯曲にも傑作が多い。

●出典…新潮文庫（中野好夫訳）

告げよ、その男に、私が涙にくれているのを見たと

『ノア ノア』（一九〇一年）ポール・ゴーギャン

●タヒチに渡った画家がしたこと

ゴーギャンをモデルにした『月と六ペンス』は、そうはいってもモームの脚色のかなり入ったフィクションである。では生身のゴーギャンはどうだったのか。

「ノアノア」とはタヒチ語で「かぐわしい香り」の意味。一八九一年六月から九三年六月まで、ゴーギャンはタヒチに滞在し、約五〇点の絵画を制作した。『ノア ノア』はそのときの体験をもとにした随想である。本は六三日間の航海の後、船がタヒチに到着するところからはじまる。ヨーロッパ化されたタヒチに最初は失望した彼も、中心部から離れた場所に住まいを借り、徐々に土地の暮らしや風習になじんでいく。要約すれば、ヨーロッパ人のひとりの男が文明の衣を脱ぎ捨て野生を獲得するまでの魂の遍歴、ということになろう。

しかし、このテキストはいやに官能的なのだ。っていうか彼はもうほとんど現地の女しか見ていないのである。文明化された最初の愛人、彼を見舞う王女、肖像を描きたいという求めに応じた娘、そして妻となる一三歳の少女テウラ。総領事ハリスと唐人お吉、ピンカートンと蝶々夫人じゃないけれど、文明国の男には現地妻がご入り用なようで。

けれど、そういう男は必ずいつかは母国に帰る。ゴーギャンもフランスに戻る日が来る。岸壁を離れる船の甲板から、彼は涙にくれるテウラを見る。そして〈御身ら、南と東の軽やかな微風よ〉という呼びかけではじまるマオリの詩を思い出すのだ。〈急ぎ連れだってべつの島へ駆けよ。そこに、私を捨てた男がいるはず、気に入りの木陰に腰掛けて。告げよ、その男に、私が涙にくれているのを見たと〉

女性目線の詩でレポートを終えるなんざ、いい気なもんじゃあ、ございませんか。ここには宗主国と植民地の関係がはっきり刻印されている。こういう詩がほんとにあるのだとしたら、似たような男女がこの地には大勢いたのだろう。もっとも『ノアノア』もゴーギャンの脚色（願望？）が混じった一種の虚構であるらしい。現地の女は文明国の男のもてなし方を知っている。涙にくれたその後は「やれやれ」と伸びをしていたかもしれない。

実際のゴーギャンはけっして順風満帆な人生ではなかった。彼は二度タヒチを訪れているが、これは最初のときの滞在記。訳者は「ゴーギャンの個人的な神話」と評している。

●ポール・ゴーギャン（一八四八〜一九〇三）フランスの後期印象派の画家。株式仲買人として成功する傍ら、趣味で絵を描き始め印象派展に出品。ゴッホとの共同生活を経てタヒチに移住。地元の人々を題材にして絵画、自伝等を創作した。
●出典…ちくま学芸文庫（岩切正一郎訳）

4 不思議な物語

幻想も妄想も文学の肥やし。
大人のファンタジーは甘くないのだ。

さあと音を立てて天の河が島村のなかへ流れ落ちるようであった。

『雪国』（一九四八年）川端康成

火事のさなかに空を見上げて

〈国境の長いトンネルを抜けると雪国であった〉

東京から新潟へ列車で旅したことのある人なら、川端康成『雪国』の有名な書き出しは実感をもって理解できよう。冬枯れ色の関東平野から一面の銀世界へ！

ところが、残念、『雪国』の冒頭部は「一面の銀世界」ではないのでした。続く一文は〈夜の底が白くなった〉。夜だからトンネルの中も外も同じような漆黒の闇。しかし、かすかな雪明かりで車窓の下のほうだけがほの白く浮かびあがっている。これはそういう光景で、つけ加えると『雪国』に雪国らしい雪の描写は驚くほど少ない。

それじゃ末尾はといえば〈踏みこたえて目を上げたとたん、さあと音を立てて天の河が島村のなかへ流れ落ちるようであった〉。なんと天の川（原文は天の河）である。空なのだ。「天の河。きれいねえ」とつぶやく駒子。このラストは冒頭の〈夜の底が白くなった〉という一文と絶妙のコントラストをなす。地上と天上の対比。水平軸と垂直軸の対比。

『雪国』は越後湯沢を舞台に無為徒食の文筆家・島村（妻帯者）と芸者の駒子との一時の恋

にも似た関係を描いている。年下の葉子もからんで三角関係を予感させたりもする。まあでも、要は都会の男のニヤけたヨタ話、よくて幻想譚である。くだんのラストシーンも火事の場面で、そう思って読み直すと、騒然たる火事場でポカンと空を見上げている島村は、苦みばしった色男を気取っていても、ただの役立たずである。

もっとも冒頭の安定した光景に比べると、末尾の構図はあまりに不穏だ。「夜の底」に沈んでいた雪が夜空に駆けのぼり、島村に鉄槌（天誅？）をくらわせているかのよう。赤々と燃える繭倉。背景には白く浮かぶ天の川。冬の天の川は迫力満点の夏の天の川とちがって淡く繊細である。曇天が多い冬の上越。星空観賞に適した条件ではないが、にもかかわらず銀河の描写は執拗かつ正確で、雪への冷淡さとは対照的だ。

島村にとってはすべてが景色なのである。トンネルも天の川も、もちろん女も。

群馬県と新潟県の境界に位置する清水トンネルが開通したのは一九三一年。『雪国』の冒頭部の初出は一九三五年。当時はこれが「ナウい光景」だったともいえよう。

●川端康成（かわばた・やすなり　一八九九〜一九七二）プロフィールは39ページ参照。
●出典…角川文庫など

倒れ死すべき鶏頭の一茎と／ならびて立てる心はいかに。

『濹東綺譚』（一九三七年）永井荷風

●初老の作家の「ひと夏の経験」

「濹」というめったに使わない字は一文字で隅田川を意味するのだそうだ。濹東《ぼくとう》とは文字通り隅田川の東側、墨田区の向島あたりのこと。永井荷風『濹東綺譚』の舞台である。

『濹東綺譚』は川端康成『雪国』と同工異曲、いわば東京版の『雪国』だ。『雪国』の主人公・島村が国境のトンネルを抜けたように、『濹東綺譚』の語り手である小説家の「わたくし」こと大江匡《ただす》は隅田川をわたる。トンネルや橋は日常性と切れたアナザーワールドへの入り口で、むこう側には、ほのかに色香の匂う女が待っている。

というわけで小説は、散策の末に「わたくし」が私娼のお雪と出会うまでの経緯からはじまる。季節は六月の末。突然の雷雨に「檀那、そこまで入れてってよ」と傘に入ってきた女。あっちから傘に飛びこんでくるのである。これを男の夢といわずして。

『濹東綺譚』はしかし、きわめて文人趣味の強い小説でもある。作中には俳句や漢詩、はては「わたくし」が執筆中の小説の一部までが挿入されるのだ。

ラストでも語り手は〈筆の行くまま、詩だか散文だか訳のわからぬものを書して此夜の愁《うれい》を慰めよう〉と書く。〈残る蚊に額さされしわが血汐〉という俳句のような一文に続くのは〈ふところ紙に／君は拭いて捨てし庭の隅〉ではじまり、〈君とわかれしわが身ひとり、／倒れ死すべき鶏頭《けいとう》の一茎と／ならびて立てる心はいかに〉で終わる、まさに「詩みたいなもの」。

蚊の季節も去って、いまはもう葉鶏頭も終わろうとする晩秋。――という一応別れの詩だけれど、どことなくふざけた印象がないでもない。『濹東綺譚』にはなぜか蚊がよく出てくるのである。あなたは色鮮やかな葉鶏頭、わたくしは一夏だけのしがない蚊、と解釈できなくもないが、お雪との出会いも別れも蚊に刺された程度の話だったともいえる。

〈わたくしは殆《ほとん》ど活動写真を見に行ったことがない〉という書き出しも、要は濹東が映画に代わる暇つぶしだったとの言い訳か。このへんのシレッとした感覚も『雪国』と同じ。お雪、二六歳。大江、五八歳。そもそも男のお伽話ですから。ひと夏の夢だったということで。

太宰治『女生徒』には『濹東綺譚』を批評した箇所がある。「ところどころ作者の気取りが目について、それがなんだか、やっぱり古い」「お年寄りのせいであろうか」。いうよね女生徒。

●永井荷風（ながい・かふう　一八七九〜一九五九）主な作品は『あめりか物語』『腕くらべ』『断腸亭日乗』等。良家に生まれるも芝居や遊里で遊興し、青年期はアメリカ、フランスに外遊した。帰国後、本格的な執筆活動に入って評価され、大家としての地位を確立した。

●出典…角川文庫など

おれはそれぎり永久に、中有《ちゅうう》の闇へ沈んでしまった。……

『藪の中』（一九二二年）芥川龍之介

裁判劇を裁判員の目で読めば

芥川龍之介の短編の中でも『藪《やぶ》の中』ほど多様な読み方をされてきた作品はないだろう。『今昔物語集』の一話を換骨奪胎したこの短編は、七人の証言者による一種の裁判劇である。ときは平安。藪の中に放置された男の死体が焦点だ。〈さようでございます。あの死骸を見つけたのは、わたしに違いございません〉という第一発見者の木樵《きこり》を皮切りに、検非違使に問われた関係者四人が証言した後、事件の当事者三人が登場する。

三人の話は激しく食いちがっている。男を殺したのは自分だと述べる盗人（第一の被疑者）。自分が夫を刺したと神仏に懺悔する妻（第二の被疑者）。自分は自害したのだとイタコの口を借りて語る男の死霊（被害者）。

さあ真犯人は誰なのか、と探偵の目で読む人がいれば、いや事実はひとつじゃないんですよ、と文学的に読む人あり。しかし、いま私たちがこれを読むとしたら……やはり、あれでしょう。「裁判員の目」で読んでみることでしょう。

盗人は最後に〈どうか極刑《ごくけい》に遇《あ》わせてください〉と〈昂然たる態度〉で述べる。女は最後に言葉を失い〈一体わたしは、――わたしは、――〉とすすり泣く。有罪か無罪か。量刑はいかほどか。相当悩む。小説でさえこうなのだ。裁判だったら判断できる？

小説のラストは男の死霊がイタコを介して語った言葉の最後の部分である。〈その誰かは見えない手に、そっと胸の小刀を抜いた。同時におれの口の中には、もう一度血潮が溢れて来る。おれはそれぎり永久に、中有《ちゅうう》の闇へ沈んでしまった。………〉

中有とは次の生を受けるまでの死後の世界。男はここでコト切れて、だから「……」なのだが、小刀を抜かれたのが致命傷になったのか。すると「見えない手」って誰の手だ！「真相は藪の中」という表現の産みの親でもある『藪の中』は、このように最後の最後で新たな謎を突きつける。ここまで来ると、死者でなくとも判断が中有に沈んで絶句するしかない。凶器が見つからない以上、盗人も被害者の妻も、裁判員としては無罪とするのが妥当だろう。それでも自白に惑わされる私たち。まるで読者が試されているようだ。

当事者がみな「自分が犯人」と述べているのが不思議な作品。これを原作とした黒澤映画『羅生門』では一応の解が与えられている。

●芥川龍之介（あくたがわ・りゅうのすけ　一八九二～一九二七）主な作品は『羅生門』『地獄変』等。古今東西の文学に通じ、それらに材を得て独自の傑作を数多く生み出した。高浜虚子に師事して俳句も嗜んだ。晩年は神経衰弱に陥り、多量の睡眠剤を飲んで自殺。
●出典…岩波文庫など

虎は、既に白く光を失った月を仰いで、二声三声咆哮したかと思うと、
また、元の叢に躍り入って、再びその姿を見なかった。

『山月記』（一九四二年）中島敦

詩人を夢みた官吏の運命

太宰治、松本清張、大岡昇平、埴谷雄高。いずれも中島敦と同じ一九〇九年に生まれた作家である。三三歳で夭折した中島敦は中では地味な存在だ。けれど、高校の国語教科書の定番教材『山月記』によって、その名は広く知られている。

〈隴西《ろうせい》の李徴《りちょう》は博学才穎《さいえい》、天宝の末年、若くして名を虎榜《こぼう》に連ね、ついで江南尉に補せられたが、性、狷介、自ら恃むところ頗る厚く、賤吏に甘んずるを潔しとしなかった〉

冒頭から格調の高い文章！ その意味するところは「秀才の李徴は若くして上級公務員試験に合格し、エリート官僚になったが、自信過剰な性格で、公務員で終わるのはイヤだった」。あらためて読むと、しかし『山月記』は妙な小説だ。

李徴は仕事をやめて詩作に励むがいっこうに芽が出ず、生活は苦しくなるばかり。一度は公務員に戻るが、出張先で外に飛び出し、行方不明になってしまう。そして翌年、友人の袁《えん》悟《さん》は、旅先でトラに姿を変えた李徴に会うのである。

ラストシーンを覚えている人も多いだろう。〈一匹の虎が草の茂みから道の上に躍り出た

のを彼等は見た〉。そして……。〈虎は、既に白く光を失った月を仰いで、二声三声咆哮したかと思うと、また、元の叢《くさむら》に躍り入って、再びその姿を見なかった〉。

詩人になりたいという夢を果たせず、トラにされた李徴。小説としては鮮やかな幕切れである。が、教育的にはどうなのか。「臆病な自尊心と、尊大な羞恥心」をキーワードに、学校では「才能があっても努力しなければダメである」みたいな教訓をむりやり引き出す。でもこれ、「才能もないのに夢をみても人生を棒にふるだけである」とはいえない？

これが太平洋戦争中に発表され、かつ同じ年に作者が死去したことを思うと、トラの咆哮は夢に邁進できなかった若者の「ちくしょう！」という叫びにも思えるが、戦後、この小説が教科書に採用された理由は謎である。芸術家を夢みる青年に釘を刺し、マジメに労働に励めといいたかったのか。それもまた、教育的でないとはいえませんけど。

中国の伝奇小説『人虎伝』をもとにした中島敦三三歳のデビュー作。もっとも『人虎伝』では殺人の報いで人がトラにされるので、それなら話はわかりやすい。

●中島敦（なかじま・あつし　一九〇九～一九四二）主な作品は『光と風と夢』『李陵』等。祖父が漢学者、父が漢文教師と漢学的伝統のある家に生まれる。横浜高女で教鞭をとりながら創作を重ね、国語教科書編集のためパラオ南洋庁に赴任。帰国後、三三歳の若さで逝去。
●出典…集英社文庫など

彼女はたぶんあまり名のある詩人ではなかったのであろう。

『第七官界彷徨』（一九三三年）尾崎翠

理科系の乙女チックロマン

尾崎翠『第七官界彷徨』は奇妙な味わい、いや匂いの小説である。

〈よほど遠い過去のこと、秋から冬にかけての短い期間を、私は、変な家庭の一員としてすごした。そしてそのあいだに私はひとつの恋をしたようである〉と物語は書き出される。

事実、この家は「変な家庭」だ。長兄の小野一助は「分裂心理学」が専門の心理医者。次兄の小野二助は「コケの恋愛」を研究中。従兄の佐田三五郎は音楽学校の受験生。そして「私」こと小野町子は「人間の第七官にひびくような詩」を書きたいと願っている。

「第七官」とは五官（目、耳、鼻、舌、皮膚）を超えた第六官（直感）、それも超えた七番目の感覚器官のことらしい。気づくのは、この小説には五官を刺激する要素がやたらと多いことである。二助は人糞を原料とするこやしを自室で煮ているし、三五郎はぼろなピアノに手を焼いているし、この家には絶えずひどい匂いや音が充満しているのである。口に入るものも、浜納豆、酸っぱい蜜柑、つるし柿、塩水……と、極端な味のものばかり。

五官が麻痺しそうな環境のなかで、では冒頭にいう町子の「ひとつの恋」はどうなったのか。たしかに町子は、柳浩六なる人物に首巻きを買ってもらうなど、恋に似た経験をする。けれども柳浩六は、町子に似ているという女性詩人の話をしたまま、遠くへ越してしまうのだ。彼女は〈柳氏の好きであった詩人について知ろうとした〉が、結末は……。〈しかし、私の読んだ本のなかにはそれらしい詩人は一人もいなかった。彼女はたぶんあまり名のある詩人ではなかったのであろう〉

一助、二助、三五郎という数字をもった「五官の人」である家族。六（第六官？）という数字をもった「浩六」に失恋した町子。実験的な理科系の乙女チックロマンですね。

尾崎翠は三四歳でこの作品を発表した後、故郷の鳥取に戻り、それ以後は七四歳で没するまで表舞台に出なかった。一九六〇年代に再評価されるまで、こやしの匂いとともに眠り続けた作品。作者ないしヒロインの「その後」を暗示しているようなラストに、少しドキッとする。

ちくま文庫版の解説で、矢川澄子は、この作品にかかる霧の正体はエロティシズムだと述べている。第七官界を究極の無意識と考えれば、たしかにこれは「コケの恋愛」に近いかも。

●尾崎翠（おさき・みどり　一八九六～一九七一）主な作品は『無風帯から』等。ポーの翻訳や映画時評などを雑誌に掲載した。『第七官界彷徨』を発表すると、その独特な表現世界と斬新さが注目を集めたが、翌年肺炎を患い郷里に戻る。再び小説を書くことなく逝去。
●出典…河出文庫など

風はまだやまず、窓がらすは雨つぶのために曇りながらまだがたがた鳴りました。

『風の又三郎』（一九三四年）宮沢賢治

●泣くのを我慢していた転校生

〈どっどどどうど　どどうど　どどう、／青いくるみも吹きとばせ／すっぱいかりんもふきとばせ／どっどどどうど　どどうど　どどう〉

印象的な歌ではじまる宮沢賢治『風の又三郎』は、九月一日、二学期がはじまる日に谷川の岸の小学校に転校してきた高田三郎少年が、学校を去るまでの一二日間を描いている。

賢治には『風の又三郎』に先行する『風野又三郎』という作品があって、こっちは完全に異界の住人である風の精（又三郎）が風としての体験と気象学の知見をしゃべりまくって去っていく。一方『風の又三郎』では、高田三郎が伝説の風の精（又三郎）なのかただの転校生なのか、作中の子どもたちの間で（読者の間でも）意見が割れるのだ。

「やっぱりあいづ又三郎だぞ。あいつ何かするときっと風吹いてくるぞ」と主張する嘉助。半信半疑のまま「そだないよ」と否定する一郎。三郎の超人性に無邪気に感動する嘉助に対し、六年生の一郎は三郎の人間的な部分を見ているのである。

物語のラストは九月一二日の朝である。外は嵐。嘉助と一郎は学校に急ぎ、三郎が昨一一日に転校していったことを先生から聞く。顔を見合わせる二人。そしてラストの一文。〈風はまだやまず、窓がらすは雨つぶのために曇りながらまだがたがた鳴りました〉

三郎が来た日も去った日も風が吹いていた。しかし、ラストシーンのポイントは風ではなくて雨だろう。三郎が転校してきた九月一日も強風だったが、空は青く、〈日光は運動場いっぱいでした〉。一方、一二日は教室の〈窓のすきまから雨が板にはいって〉いる。都会的で鼻っ柱が強く浮いたところのある三郎は、いつも泣くのを我慢して唇をかみしめていた。三郎の心情が天候とリンクしているのだとしたら、三郎が別れを惜しんで泣いている？

強風の特異日とされる二百十日（九月一日）にやってきて、二百二十日（九月一一日）に去った三郎。子どもたちにとって、謎の転校生はいつだって暴風雨である。が、三郎の側から見れば、『風の又三郎』は共同体に入れなかった子どもの物語にどうしても思えるのだ。

『風野又三郎』では最後、ガラスのマント姿の又三郎が「さよなら、一郎さん」と挨拶をして去る。「又三郎さん。さよなら」と返す一郎。ラストはこちらのほうが穏当である。

●宮沢賢治（みやざわ・けんじ　一八九六〜一九三三）主な作品は『銀河鉄道の夜』『注文の多い料理店』、詩集『春と修羅』等。岩手の農学校で教え、農村生活をしながら詩や童話を創作した。東北の貧しい農民たちに尽くし、信心の篤い仏教徒でもあった。
●出典…角川文庫など

そのふもとの町はほろびて、滅《な》くなってしまいました。

『赤いろうそくと人魚』（一九二一年）小川未明

●はかなげな童話の秘めたるパワー

〈人魚は、南の方の海にばかり棲《す》んでいるのではありません。北の海にも棲んでいたのであります〉という書き出しで一気に物語の世界に引きこまれる。『赤いろうそくと人魚』は「日本のアンデルセン」とも呼ばれる小川未明の代表作だ。

北の海に棲む孤独な人魚はせめて子どもには人間の世界で幸せになってほしいと願い、海辺の町に生まれたばかりの娘を捨てた。娘はろうそく屋の老夫婦に拾われて美しく成長し、ろうそくに絵を描くようになる。海難を避ける力があるというろうそくはよく売れたが、評判を聞きつけてきた香具師《やし》が示した大金に目がくらみ、夫婦は娘を売り飛ばしてしまう。せかされた娘は急いで赤く塗りつぶしたろうそくを残したが……。

多くの創作童話で戦前の児童文学に大きな影響を与えた未明。だが彼は、戦後の児童文学界で激しい批判にあった。理由のひとつは詩的で幻想的な未明のメルヘンはリアリズムとは乖離していること。もうひとつは運命論的な暗さかな。たとえば、この物語の結末はどうか。娘が残した赤いろうそくを、ある晩、不気味な女が買っていく。以来、お宮に赤いろうそくがともると海は荒れ、ろうそくは不吉の印になってしまった。ラストシーンは再び海。暗い海からお宮に登っていく赤いろうそくの灯。そして物語は唐突な結末を迎える。

〈幾年もたたずして、そのふもとの町はほろびて、滅《な》くなってしまいました〉

人魚の恨み、おそるべし！　こんな呪術的な物語では、なるほど子どもたちに希望も勇気も与えまい。戦後の児童文学はいわば「未明の否定」から出発したのだった。

とはいえ、ラスト一行の非情な展開に、この童話の魅力はむしろ凝縮されている。アンデルセンの『人魚姫』は人間の王子に恋した人魚の自己犠牲の物語だったが、同じ悲劇は悲劇でも、こっちの人魚はなにせ町を丸ごとつぶすのである。ほとんどゴジラ並みのパワー。中途半端に希望のある結末より、よほどインパクトは強い。人魚だからとナメてはいけない。一見はかなげな人魚は、冬の日本海並みに冷たくて強いのだ。


未明の頃の童話のもうひとつの特徴は、すべて短編だったこと。戦後の児童文学は子どもに自我と内面を与えることで長編への可能性を開いた。

●小川未明（おがわ・みめい　一八八二～一九六一）主な作品は『薔薇と巫女』『魯鈍な猫』『野薔薇』等。日本初の創作童話集『赤い船』を出版。社会主義、アナーキズムなど思想的変遷を経ながらも、数多くの童話を執筆し、日本児童文学の発展に貢献した。
●出典…新潮文庫『小川未明童話集』など

「行こう」と、物憂く、しかし執拗な調子を籠めて呼びかけた。

『砂の上の植物群』（一九六四年）吉行淳之介

絵画と思ってお読みなさい

筋を追いかけても「なにこれ、バカみたい」な小説が現代文学には少なからず存在する。吉行淳之介『砂の上の植物群』も、まあそのたぐいだろう。

〈港の傍《そば》に、水に沿って細長い形に拡《ひろ》がっている公園がある。その公園の鉄製ベンチに腰をおろして、海を眺めている男があった〉

これが書き出し。港、公園、ベンチ、海を眺めている男。まるで脚本のト書きだが、この文章が絵画的な情景を志向しているらしいことに注目したい。

主人公の伊木一郎は三七歳。化粧品のセールスマンだ。冒頭の公園（横浜の山下公園かと思われる）の場面の後、彼は〈最近建てられた観光塔〉（一九六一年に完成した横浜マリンタワーかと思われる）に上るのだが、そこで明子という高校生の少女と出会い、彼女に誘われるまま（！）その足で旅館にしけこむのだ。だが、このへんはまだ序の口で、伊木はまもなく明子の姉の京子とねんごろになり、あやしい逢瀬を重ねていく。

ひと言でいえばロリコン趣味とSM趣味の入ったソフトポルノ。こんな男と出会ったその日に寝たがる女がいるか？　などと不思議がっても仕方がない。この小説にとってストーリーは「つなぎ」みたいなものにすぎないからだ。『砂の上の植物群』という題名は二〇世紀の抽象画家パウル・クレーの水彩画の題に由来する。この小説の目的は絵画的な情景（口紅を塗ったセーラー服姿の女が畳に横たわる図とか）を描くことなのだ。そのつもりでラストシーンを絵画的に鑑賞すると……。

〈彼は立上ると、依然としてナイフとフォークを両手に握ったまま仰向いた京子の顔に向って、／「行こう」／と、物憂く、しかし執拗な調子を籠めて呼びかけた〉

伊木と京子は波止場のレストランにいる。この後二人がどこへ「行こう」としているのかはご想像の通りである。が、よく観察すべし。京子の手にはナイフとフォークが握られている。これはズバリ凶器である。もしかして「男を食う」ための⁉　男が「物憂く」なるのも当然だろう。いささかコントっぽい絵柄だが、本人は二枚目のつもりなのであしからず。

パウル・クレーの「砂の上の植物群」はカラフルなモザイク模様（？）みたいな抽象画。クレーに私淑していた吉行にはクレーの絵画から着想した『夢の車輪』という短編集もある。

●吉行淳之介（よしゆき・じゅんのすけ　一九二四～一九九四）主な作品は『驟雨』『原色の街』『暗室』等。東大英文科に入学するも中退、その後雑誌の編集記者として勤めながら創作を続け、『驟雨』で芥川賞受賞。性を主題にして人間の深奥に迫る作品が多い。
●出典…新潮文庫

あとに花びらと、冷めたい虚空がはりつめているばかりでした。

『桜の森の満開の下』（一九四七年）坂口安吾

●桜の寓意は恋愛か芸術か戦争か

酒を飲んでドンチャン騒ぎをするだけが、満開の桜の愛で方ではない。坂口安吾『桜の森の満開の下』をお読みなされ。

鈴鹿峠に近い山に住む山賊は、ある女をさらって八人目の妻としたが、この女は美しいがとてつもない悪女。自分以外の妻は一人を残して斬殺させる、都に住みたいとゴネる、都では夫に斬らせた生首を集めて遊ぶっていうのだから、尋常ではない。女にぞっこんの山賊はしかし、妻をことごとく許してしまうのだ。

寓話的な「ですます」体で小説は書かれており、登場人物に内面らしい内面はない。だが、山と都の間には桜の森があり、この桜を山賊は異様におそれている。女に身も心も奪われていく彼の不安。それは〈桜の森の満開の下です。あの下を通る時に似ていました〉。

人の正気を失わせる満開の桜。さて桜の寓意とは何だろう。

ひとつ考えられるのは桜＝恋愛説だ。悪女にハマって身を持ち崩した男の物語。桜＝芸術説も捨て難い。芸術（文学）の化身に魅入られた男の悲劇。深読みするなら桜＝戦争ないし軍国主義説。安吾には戦争に取材した作品も多い。

とはいえそこは、曖昧にしておいたほうが含蓄が増す。終盤、山賊は女とふるさとの山に戻ろうとするが、途中の桜の森で女が鬼の相貌を見せたため、彼は女を絞め殺してしまうのだ。そして迎える美しすぎるラストシーン。

〈女の姿は掻《か》き消えてただ幾つかの花びらになっていました。そして、その花びらを掻き分けようとした彼の手も彼の身体も延した時にはもはや消えていました。あとに花びらと、冷めたい虚空がはりつめているばかりでした〉

血なまぐさい出来事をすべて無に返す桜。これは「色は匂へど散りぬるを」ではじまり「浅き夢見じ酔ひもせず」で終わる「いろは歌」の世界に近い。つまりすべては諸行無常だと。〈桜の樹の下には屍体《したい》が埋まつてゐる!〉と書いたのは梶井基次郎だが、安吾の桜は屍体さえも残さない。これぞ最強かつ最凶の桜である。でも、ちょっとアニメみたい。

安吾は東京大空襲の後、遺体が集められた上野公園の桜を見てこの作品を構想したともいわれるが、真偽は不明。作者がイメージした桜はソメイヨシノらしいが、その真偽も不明。

●坂口安吾（さかぐち・あんご 一九〇六～一九五五）主な作品は『風博士』『白痴』、評論『堕落論』等。大学でインド哲学を学び、卒業後、同人誌に書いた『風博士』で文壇に認められた。太宰治らと並び無頼派と称され、流行作家として活躍。脳出血のため急逝。
●出典：講談社文芸文庫など

その様子は、ザムザ夫妻の目には、彼らの新しい夢とよき意図の確証のように映った。

『変身』（一九一五年）カフカ

ほんとに「虫」のお話なのか

ある朝起きたら虫になっていた——読んでなくても、内容だけは、たぶん誰でも知っているフランツ・カフカ『変身』の冒頭部である。高橋義孝の訳（一九五二年）ではこうなっている。〈ある朝、グレーゴル・ザムザがなにか気がかりな夢から目をさますと、自分が寝床の中で一匹の巨大な虫に変っているのを発見した〉。

セールスマンの彼は、やばい、電車に乗り遅れる、とにかく会社に行かなくちゃと考える。身体に起きた異変より、彼には「いま」が大切なのだ。

意識は人間のまま、視覚も聴覚ももとのままなのに、身体も言葉も自由にならない主人公。家族は彼を気味悪がり、最後はひからびて死んでしまう。筋といえばそれだけの、シュールなお話。実存主義文学だとか不条理小説だとかいった、むずかしい解説もほどこされてきた。

ところが、高齢化時代のいま読むと、この状況はべつにシュールでも何でもない。わが身を不本意と感じながらも、どうすることもできない主人公。変わってしまった息子を持てあまし、おろおろする母、りんごを投げつける父、食事だけは運びながらも徐々に世話をしなくなる妹。彼の姿は引きこもりの少年や、うつ病のサラリーマンや、要介護になった寝たきりの高齢者を思わせる。描かれているのは、介護者と被介護者の現場なのだ。

その伝でゆくと、ラストはいっそう意味深長である。その日、グレーゴルの両親と妹は数カ月ぶりに三人で出かける。電車の中で娘が美しく成長していることに気づいた両親は〈この娘にも手ごろなお婿さんを捜してやらねばなるまい〉と考える。そして〈降りる場所に来た。ザムザ嬢が真っ先に立ちあがって若々しい手足をぐっと伸ばした。その様子は、ザムザ夫妻の目には、彼らの新しい夢とよき意図の確証のように映った〉。

巻末で手足を伸ばす妹は、冒頭、寝床の中でうごめく足を発見した兄と対照をなす。グレーゴルが死んで「厄介払い」をした後に訪れた新しい希望。なんとブラックな結末か。でも、この解放感も身に覚えが……。昨日のザムザ一家は今日の私たち。とても他人事と思えない。

カフカは扉に昆虫の絵を入れることを拒否したそうだ。新潮文庫版の解説（八五年）で、有村隆広は「登校拒否児」や「ノイローゼになった猛烈社員」を連想させると述べている。

●フランツ・カフカ（一八八三〜一九二四）主な作品は『アメリカ』『審判』『城』等。プラハに生まれたユダヤ系ドイツ語作家。保険局に勤めながら執筆を続け、生前はほぼ無名だった。結核のため四〇歳で逝去。死後、遺稿が発表され、世界的なブームとなった。
●出典…新潮文庫（高橋義孝訳）

逃げるてだては、またその翌日にでも考えればいいことである。

『砂の女』（一九六二年）安部公房

昆虫が待つ穴に落ちた男の物語

世界中で作品が翻訳され、もっともノーベル賞に近い日本人作家。といえばいまは村上春樹だが、かつてそのポジションにいたのは安部公房だった。

『砂の女』は彼の代表作である。〈八月のある日、男が一人、行方不明になった〉と小説は書き出される。昆虫採集に出かけた砂丘で穴に閉じこめられた学校教師。個別の穴の中の家々で、人々は砂をかい出す仕事に明け暮れていた。砂地獄の底の、ある女の家に監禁された男は、あの手この手で脱出を試み、一度は脱出に成功しさえするが……。

この状況からアリジゴク（ウスバカゲロウの幼虫）を連想する人は多いだろう。しかし、ほんとに連想すべきはハンミョウである。というのも、男は「ニワハンミョウの新種」を求めて砂丘に入り、不本意にも穴に閉じ込められるからである。ハンミョウの仲間も、幼虫は土中生活者で、外から来た虫を捕食する。さらに成虫は人を先へ先へと誘うように飛ぶ習性があるため「ミチオシエ」の異名をとる。つまり男はハンミョウ採りがハンミョウになった状態にあるわけで、「砂の女」こそ新種のハンミョウかもしれないわけ。

砂地獄の中で脱出の機会をうかがいながら、女との生活にもなじんでいく男。そして小説は予想外の結末を迎える。翌年の春になり、彼は外に出る千載一遇のチャンスを得た。縄ばしごがかけっぱなしになっていたのである。ところが、男は〈べつに、あわてて逃げだしたりする必要はないのだ〉と考える。あれほど脱出を望んでいたはずなのに、〈逃げるてだては、またその翌日にでも考えればいいことである〉。逃げる直前、彼は自ら開発した水をためる装置に破損を見つけたのだった。んもう、そんなのほっときゃいいのに！

小説はこの後、家庭裁判所による二枚の書類（「失踪に関する届出の催告」と〈仁木順平を失踪者とする〉と書かれた審判書）を添付して終わる。はたして彼は望んで穴に残ったのか、逃げる気力を失ったのか。「あなたも穴の中にいるのかもよ」とでもいいたげな含みをもった結末。穴とは家庭か会社かそれとも社会か。するとあなたにとってのハンミョウは！

二十数カ国語に翻訳され、いまや世界文学になった作品。安部公房自身の脚本による映画（勅使河原宏監督）も話題となり、カンヌ映画祭審査員特別賞ほか多くの賞を受賞した。

●安部公房（あべ・こうぼう　一九二四～一九九三）主な作品は『壁』『箱男』、戯曲『緑色のストッキング』等。東大医学部を卒業するも作家の道を選ぶ。『砂の女』がフランスで最優秀外国文学賞を受賞するなど海外でも高く評価された。劇団を立ち上げ、演劇にも没頭。
●出典：新潮文庫

あれで登ればなかなかなんだろう。地図でも相当の標高があったようだから。

『月山』（一九七四年）森敦

近代に浸蝕されつつある霊山

夏スキーで知られる月山は、文学ファンにとっては森敦『月山』の山である。〈ながく庄内平野を転々としながらも、わたしはその裏ともいうべき肘折《ひじおり》の渓谷にわけ入るまで、月山がなぜ月の山と呼ばれるかを知りませんでした〉と書き出される小説は、出羽三山を天空から見下ろすような雄大なスケールの情景描写にはじまり、しだいに地図の倍率を上げ、湯殿山注連寺という寺に焦点を定める。そしてこんどは、ススキ、紅葉、凍った菊などの描写を通じて、いっきに秋から冬へと突入するのだ。

語り手の「わたし」は雪に閉ざされたこの山寺でひと冬をすごす。作中で「寺のじさま」と呼ばれる住職はぶっきらぼうな人物だが、村の人々もこの世の者ならぬ雰囲気があり、ウソともマコトともつかぬ話を語りだす。山形県庄内地方は何体もの即身仏が残る土地。この寺のミイラは雪道で行き倒れた人間で「つくった」ものだというのである。

「中のわた（腸）抜いて、燻すというもんだけ。のう、ばさま」

「まンず、仏は寺のなによりの商売道具《しょうべえ》だサけの」

ちょ、ちょっとちょっと！　ともあれこうして厳しい冬はすぎ、ツバメが飛びかい、桜桃の枝先に赤みがさし、やがて山は春から新緑の季節に移っていく。そして「わたし」は彼を探してやってきた、俗人の代表みたいな友人と下界に戻る決心をするのである。

最後に「わたし」と友人は「寺のじさま」に送られて村が見下ろせる場所に立つ。〈もう来ることもあんめえさけ、よう見てやってくれちゃ〉。そう語る「じさま」を無視して友人はいう。〈じゃァ、このあたりで失礼しますかね。十王峠の送電線の柱もすぐそこにあるようだが、あれで登ればなかなかなんだろう。地図でも相当の標高があったようだから〉。

送電線、電柱、地図、標高？　実業家で政治家でもあるらしき友人は、山にロープウエーをかけてリゾート地にするつもりなのだ。この興ざめな幕切れこそ『月山』のたくらみである。近代に浸食されつつある霊山。最後の数行で、それが鮮やかに浮かびあがる。

作中の寺は実在する湯殿山注連寺（山形県鶴岡市）。森敦六一歳の芥川賞受賞作だが、作家が寺に滞在したのは一九五一年。作品化までに二十余年を要したことになる。

●森敦（もり・あつし　一九一二～一九八九）主な作品は『鳥海山』『われ逝くもののごとく』等。横光利一に師事し、太宰治や檀一雄らと同人誌「青い花」を創刊。『月山』で芥川賞を受賞。六一歳での芥川賞受賞は、二〇一三年に黒田夏子が七五歳で受賞するまで、同賞の最高齢受賞者だった。
●出典…文春文庫など

神さまがわたしたちすべてに祝福を与えてくださいますように！

『クリスマス・キャロル』（一八四三年）ディケンズ

亡霊の薬が効きすぎた？

クリスマス・イブの晩、ケチで強欲で冷酷なスクルージのもとに、七年前に死んだ共同経営者マーレイの亡霊があらわれる。ディケンズ『クリスマス・キャロル』は〈まず第一に、マーレイは死んでいた〉という不吉な言葉ではじまる怪談めいたお話だ。

この後の展開は有名なので、覚えている人が多いだろう。

マーレイの予言通り、この夜、スクルージのもとに三人の精霊が現れて、彼の過去、現在、未来を見せるのだ。スクルージを震撼させたのは誰も悲しまない自分の孤独な死（未来）だったが、それ以上に強い印象を残すのは「現在」である。

そこはスクルージが安月給で雇っているボッブの家。食卓を囲んでクリスマスを祝う一家。足の悪いティムを指して「あの子は生きのびられるだろうか」と問うスクルージに、「子供は死ぬ」と精霊はいう。「死にそうなら、死んだらいい。そうすれば、余分な人口が減る」。それは昼間、スクルージが口にしたせりふだった。さらに貧しい子どもたちの幻を見たスクルージは「この者たちが避難する所、頼りにする所はないのでしょうか？」と問う。「監獄があるんじゃないかな？」「救貧院があるんじゃなかったかね？」。それもスクルージのせりふだった。

キリスト教的な博愛精神を説いているようにも見える『クリスマス・キャロル』。しかし、あらためて読むと、この小説の宗教色は意外なほどに薄い。産業革命を経てもなお貧富の差が大きかった一九世紀のイギリス。ケチで冷酷なスクルージとは、拝金主義がはびこる当時のイギリスの政治そのものとも解釈できるわけで。

心をいれかえたスクルージは急にいい人になって、ボッブの給料を上げるといいだし、ティムのために心を砕き、あまつさえ〈クリスマスを祝うことを知っている人がいるとしたら、それこそあの人だ〉とまでいわれるようになる。まるでサンタクロースの誕生秘話。〈神さまがわたしたちすべてに祝福を与えてくださいますように！〉。はしゃぎすぎるスクルージ。そ、そこまで変わらんでも……と思わせる、これはこれで逆に不気味な結末ではある。

この本が出版された年から五年間、ディケンズは毎年一冊ずつ、クリスマスの物語を書き続けた。つまり作家自身がサンタクロースになってしまったわけである。

●チャールズ・ディケンズ（一八一二～一八七〇）主な作品は『オリヴァー・トゥイスト』『二都物語』『大いなる遺産』等。イギリスの作家。貧しい家庭に育ち、幼くして働きに出るも独学で創作を始めた。以後数々の名作を生み、国民的作家に。
●出典…集英社文庫（中川敏訳）

（老人は）背後の闇の中へ溶け込む様に消えて行ったのである。

『押絵と旅する男』（一九二九年）江戸川乱歩

●すべては蜃気楼だったのか

『鏡地獄』とか『人間椅子』とか、江戸川乱歩の短編にはサーカスも真似のできない大仰なしかけの物語が多い。『押絵と旅する男』もそんな一編。

物語は富山県の魚津からはじまる。富山湾で蜃気楼を見た「私」は、上野に向かう帰りの列車で、四〇歳にも六〇歳にも見える老人と乗り合わせる。老人は風呂敷包みから額を出して窓辺に立てかけた。額の中には老人と娘が寄りそう押絵。双眼鏡を手わたされた「私」が押絵を覗くと、老人はいった。「あれらは、生きて居りましたろう」。こうして謎の老人は、押絵の男が自分の兄であることを明かし、彼の身の上話をはじめるのである。

巧妙な構成である。浅草で「覗き絵」の中の八百屋お七に恋した兄。その兄が「覗き絵」に入りこむまでのいきさつを語る老人。列車の中で老人の話を聞く「私」。物語が二重三重の入れ子構造になっていて、それ自体が「覗き絵」のごとし。「私」といっしょに読者は「覗き絵」の世界にまんまと引きずりこまれるという寸法である。

こういうお話は、読者を「覗き絵」の外に連れ出さなくては終われない。語り終えた老人は、かくして山間の小さな駅で汽車を降りる。〈窓から見ていると、細長い老人の後姿は（それが何と押絵の老人そのままの姿であったか）簡略な柵の所で、駅員に切符を渡したかと見ると、そのまま、背後の闇の中へ溶け込む様に消えて行ったのである〉。幽霊のように闇に溶けていく老人。一見エンディングらしいエンディングである。

しかし、なぜか釈然としないこの気分。そもそもこの小説は富山湾の蜃気楼からはじまっている。しかも書き出しは〈この話が私の夢か私の一時的狂気の幻でなかったならば、あの押絵と旅をしていた男こそ狂人であったに相違ない〉。テキストは最初から「すべては頭の中でこしらえた蜃気楼かもよ」というエクスキューズを発していたのだ。

主人公は「押絵の男」ではなく「押絵と旅する男」。老人が闇に消えた後、東京までの旅を続ける「私」はまだ夢から覚めていない。である以上、読者も夢から覚め切れないのだ。

押絵とは羽子板の絵のように布地と綿で立体感を出した工芸品のこと。作中には「十二階（浅草に実在した凌雲閣のこと）」なども登場。浅草の雰囲気を伝える小説としても知られる。

●江戸川乱歩（えどがわ・らんぽ　一八九四～一九六五）主な作品は『人間椅子』『赤い部屋』『陰獣』等。貿易会社や新聞記者など十数回の転職後、作家デビュー。探偵作家クラブ初代会長や雑誌「宝石」の編集など、日本の推理小説界の発展に大きく貢献した。
●出典…光文社文庫など

（騎士道物語が）おっつけ完全に倒れるであろうことに疑問の余地はない。さようなら。《バーレ》

『ドン・キホーテ』（一六一五年）セルバンテス

じつは騎士道物語をコケにする文学

世界中の誰もが知っているだろう人物。にもかかわらず、原作を読み通した人は少ないだろう物語。それがセルバンテス『ドン・キホーテ』である。万一出来心で手にしても、読む前に心がくじける。前後編で岩波文庫は全六冊、ちくま文庫は全四冊。「今度にしよう」と私たちは思い、そして「今度」は永遠にやってこない。

とはいえ「近代小説の祖」といわれる作品である。頭のおかしい騎士の物語かと思いきや、主人公は騎士道物語の読みすぎで妄想におちいったアロンソ・キハーノという五十男。自ら甲冑《かっちゅう》を着込み、ドン・キホーテ・デ・ラ・マンチャと名乗り、「島の領主にしてやる」とそそのかして雇った農夫サンチョ・パンサを従者とし、やせ馬にまたがって旅に出る。

チャンバラ映画にかぶれて自分は武士だと思った男が、チョンマゲ姿で電車に乗る。テレビの見すぎで自分は戦隊ヒーローだと思った男が、あの格好で会社に行く。それに近い。この時代のスペインに、甲冑を着た騎士などとっくにいなかった。この本は騎士道物語のパロディといっても、メタフィクション（小説についての小説）といってもいいのである。

しかも並のパロディではない。『ドン・キホーテ』という本の中でズッコケぶりを発揮し、はからずも人気者になってしまったキハーノ。前編の一〇年後に発表された後編には、前編を読んだという読者まで登場し、キハーノを翻弄したり不機嫌にさせたりする。

セルバンテスのそもそもの目的は、騎士道物語を打倒することだった。前編の好評は作家を戸惑わせたことだろう。正気に戻ったキハーノが死んだ後、テキストに登場するのは架空の作者が「わが羽根ペンよ」と語りかける後日談である。余の願望は騎士道物語の支離滅裂な話を人々が嫌悪するようしむけることだった。もう彼を墓穴から呼び戻すな。さすれば騎士道物語も〈おっつけ完全に倒れるであろうことに疑問の余地はない。さようなら《バーレ》〉。

この「さようなら」は読者ではなく羽根ペンへの決別の辞、である。最初から最後まで、人を食った小説なのだ。

風車に突進するドン・キホーテのイメージは挿絵によるところ大。訳者の牛島信明は、この小説の近代性は近代読者を必要とするという点にある、と述べている。

●ミゲル・デ・セルバンテス（一五四七〜一六一六）主な作品は『模範小説集』『ペルシーレス』等。貧しい外科医の家に生まれ、正規の学校教育をほとんど受けずに育つ。彷徨や投獄等により、終生社会的地位は不安定だったが、精力的に作品を書き続けた。

●出典…岩波文庫（牛島信明訳）

しかし、船は、見知らぬ孤児を拾い上げたのである。

『白鯨』（一八五一年）メルヴィル

鯨学が延々と続く理由は何？

「『白鯨』って読んだことある？」ときくと、みな「そりゃあるよ」と答える。

しかし、もし「巨大な白い鯨と戦って片足を失ったエイハブ船長が復讐に燃える海洋冒険譚」という記憶しかないなら、それはグレゴリー・ペック主演の映画（一九五六年）を見たか、子どもむけのダイジェスト版を読んだだけの人である。

などとエラそうにいってるが、じつは私もそうだった。千石英世の新訳（二〇〇〇年）が出たとき、はじめて上下二巻を通読し、わが身の不明を恥じました。

メルヴィル『白鯨』は、未読の人が思っているのとはだいぶ異なる小説だ。

鯨の語源や名文抄の後、〈イシュメール、これをおれの名としておこう〉（Call me Ishmael.）という一文で物語ははじまるが、序盤はまるで語り手のイシュメールと乗組員仲間クイークェグとの恋愛小説。捕鯨船ピークオッド号が航海に出てからの軌跡の間を埋めるのは、歴史、哲学、科学、芸術……博覧強記な鯨と捕鯨のウンチクである。

船長エイハブが白鯨モービィ・ディックとめぐり合い、死闘をくり広げるのは小説の最後の最後になってから。あげくピークオッド号は乗組員もろとも海の藻くずと消える。

二日の漂流の末、イシュメールは別の船に救助される。この船の船長の息子が遭難した際、エイハブが救助を断った船だった。〈(船は) 失った子らを捜し求めてさすらい、そして引き返してきたところだったのだ。しかし、船は、見知らぬ孤児を拾い上げたのである〉。

孤児のように、ただひとり生き残ったイシュメール。そして話は冒頭に戻り、彼は語り部となってあらわれる。Call me Ishmael.

はたして『白鯨』が鯨に異様な関心を寄せるのはなぜなのか。理由は末尾から類推できる。親友(恋人?)のクイークェグを失い「孤児」となった悲しみが、イシュメールを鯨学に向かわせたのではなかったか。なぜって鯨は親友(恋人?)の思い出に直結するからだ。そう思うと、いっけん退屈な鯨学の部分まで切なく感じる。ゲイ文学の傑作に認定したい。

船の名のピークオッドは白人に虐殺された先住民の部族の名前。白い巨鯨(レヴァイヤサン)は巨大な白人国家アメリカを連想させる。政治的な含みももった不思議な長編小説だ。

●ハーマン・メルヴィル(一八一九〜一八九一)主な作品は『ピアッザ物語』『水夫ビリー・バッド』等。アメリカの作家。捕鯨船に乗りこむなどした後、文筆を志す。生前、作品が評価されることはなかったが、現在ではアメリカ文学を代表する作家として知られる。
●出典…講談社文芸文庫(千石英世訳)

どれ、新入りの地の霊たちのべそかき面《づら》でも見てくるとするかな。

『吉里吉里人』（一九八一年）井上ひさし

収拾がつかなくなった物語を救うのは

東北の小さな村が日本からの独立宣言をする。井上ひさし『吉里吉里人』が出版されたのは八〇年代の初頭、第二次オイルショックの頃だった。

青森行きの急行列車に乗った小説家の古橋健二は車中で騒動に巻きこまれ、吉里吉里国の移民第一号となり、翌日には大統領にされてしまう。憲法論議、食糧の自給、医療問題など、盛りだくさんなテーマを抱えこんだ小説である。とりわけいまの時点で「したり！」と思わせられるのは吉里吉里国のエネルギー政策だろう。

「独立ばすればあんだ方《がた》の日本国は、東北電力《とおほぐでんりょぐ》さ命令すて、電気ば停めて来るのは目さ見えてっぺ。この国立地熱発電所があるおかげで、電気代《でえ》は無料《ただ》なのっしゃ」

共通語は東北弁。豊富な埋蔵金に裏打ちされた金本位制。木炭バスを改造した国会議事堂車。設定だけ見れば愉快そうな小説だ。しかし『吉里吉里人』は悲劇である。独立を阻止したい日本国ほか世界中の大国に武力をさしむけられるうえ、医学立国をもくろむ吉里吉里国も、脳の移植手術という禁断の領域に踏みこんで、古橋の脳は金髪美女の肉体に移植されてしまう（おいおい）。ここまで暴走した物語をどうやって収拾するのか。

大統領就任式で国家機密をバラしてしまった古橋はじめ、人々が敵の銃弾に倒れる中、最後に残るのは「記録係」を自称する魂となった語り手である。

〈わたしは初代のキリキリ善兵衛〉と自らの正体を明かした後、彼は口が軽い古橋のせいで計画が失敗したことを嘆き、まあよい、自分はもう〈三百年も待ったのだ〉と続ける。〈百姓どもに朝が訪れるまで、百年でも二百年でも、地の霊となってここにとどまりつづけよう。どれ、新入りの地の霊たちのべそかき面《づら》でも見てくるとするかな〉。

救いのない結末が善兵衛の軽口でわずかに救われるという寸法だが、でもしゃべってるのは霊だし。キリキリ善兵衛には実在のモデルがいる。徳川時代、奥州吉里吉里（現岩手県大槌町）で産業を興したといわれる歴代の前川善兵衛だ。破綻すれすれの物語を救ってくれたのは、実体のある人物だった。嘆くべきかホッとすべきか。


この本の影響で全国に「独立国」が生まれたのも昔の話。本書の精神を受け継ぐのは村雲司『阿武隈共和国独立宣言』。福島第一原発事故の被災者が独立国をつくる物語だ。

●井上ひさし（いのうえ・ひさし　一九三四～二〇一〇）主な作品は『シャンハイムーン』、戯曲『太鼓たたいて笛ふいて』等。大学在学中から放送台本を書き、共同執筆したNHKの『ひょっこりひょうたん島』が人気番組に。劇作家としても旺盛に活躍。
●出典…新潮文庫

もう、どちらがどちらか、さっぱり見分けがつかなくなっていたのだった。

『動物農場』(一九四五年)ジョージ・オーウェル

●被支配者の隷従ぶりがコワイ

ジョージ・オーウェル『動物農場』は、旧ソ連のスターリニズムを寓話に託して批判した二〇世紀のイソップ物語といわれている。

〈荘園農場のジョーンズ氏は、夜、鶏小屋の戸締まりをしたが、すっかり酔っぱらっていたので、つい、くぐり戸を閉め忘れてしまった〉。

この機をとらえてはじまった動物たちの革命。虐げられた動物たちは農場から人間を追い出すことに成功し、自らの手で農場を運営する権利を奪う。農場は「動物農場」と名を改め、理想的な未来へ向けて動きだしたはずだった。

ところがリーダー格の二頭の豚、スノーボールとナポレオンの路線が対立し、権力闘争に敗れたスノーボールが追放されてから事態は悪化。ナポレオンは独裁者と化す。特権階級と化した(官僚みたいな)豚。その手下となった(警察を連想させる)犬。(労働者を思わせる)牛、馬、羊、山羊、鶏、その他下層の動物や鳥たち。下層の動物たちは独裁者の下で過酷な労働を強いられるが、しだいにそれにも慣らされていく。

おチョクられているのは、もちろん旧ソ連だけではない。

ラストはとりわけ、身につまされる。気がつけば革命の理念は書き換えられ、豚たちはかつて追い出したはずの人間とトランプゲームに興じているではないか。〈屋外《そと》の動物たちは、豚から人間へ、また、人間から豚へ目を移し、もう一度、豚から人間へ目を移した。しかし、もう、どちらがどちらか、さっぱり見分けがつかなくなっていたのだった〉。

「どちらがどちらか、さっぱり見分けがつかなくなっていた」。新大統領の誕生に熱狂した大国も、政権交代からまた独裁政権に戻った極東の島国も、この通りだった。

もうひとつ、この物語が教訓的なのは、発電用の風車が人心掌握の道具に使われている点である。動物たちは死ぬ気で風車の建設をめざすが、風車は完成しても幸福は遠い。風車さえ完成すれば幸福になれる、と信じる動物たちは、気の毒なのか、愚かなのか。支配者の狡猾さもだけれど、被支配者の隷従ぶりがリアルすぎて、ゾッとする。

今日の国家や政治を考えるうえで、これほど適したテキストはちょっとない。「逆ユートピア＝ディストピア小説」とも呼ばれる作品。作中の風車は、ほとんど現代の原発のごとしである。

●ジョージ・オーウェル（一九〇三～一九五〇）主な作品は『ビルマの日々』『一九八四年』等。イギリスの作家。イギリス植民地時代のインドに生まれる。イギリス帰国後、ルポルタージュや小説を書いて世評を得る。評論家としても知られる。
●出典…角川文庫（高畠文夫訳）

5 子どもの時間

学ぶ子、遊ぶ子、働く子。
みんな踏まれて大きくなった。

大理石のような白い美しい手はどこにも見つかりません。

『一房の葡萄』（一九二二年）有島武郎

●絵の具を盗った「ぼく」と先生

『一房の葡萄』は雑誌「赤い鳥」に載った有島武郎の児童文学作品のひとつである。

物語は〈僕は小さい時に絵を描《か》くことが好きでした〉という一文ではじまる。「僕」は通学路である横浜の海岸を絵に描こうとするが、手持ちの絵の具では〈透きとおるような海の藍色と、白い帆前船《ほまえせん》などの水際近くに塗ってある洋紅色《ようこうしょく》〉が出せない。

そこである日、ジムという年長の少年の机の中から藍と洋紅の絵の具を盗んでしまう。級友たちにとがめられて泣きじゃくる「僕」。担任の女性教師は「よくわかったらそれでいいから泣くのをやめましょう、ね」と諭した後、二階の窓から西洋葡萄の房をもぎとって「僕」のひざにのせるのだ。翌日、仲直りの証しに一房の葡萄を半分に切って「僕」とジムにくれた先生。

〈秋になるといつでも葡萄の房はむらさきに色づいて美しく粉をふきますけれども、それを受けた大理石のような白い美しい手はどこにも見つかりません〉

という、その手のイメージで小説は閉じられる。

道徳的、教育的にも読める作品ながら、それ以上に印象的なのは色彩の豊かさだ。藍色と洋紅色。その二色をあわせた色である紫色の葡萄と、それを受ける先生の白い手。

子どもの頃の私はうかつにも読み落としていたが、「大理石のような白い美しい手」の先生は西洋人である。クラスメートも西洋人なら、教室での会話も英語。だとしたら、〈体も心も弱い子〉で〈友達もない方〉だった「僕」はここではむしろマイノリティ。そう考えると彼の孤独にも、「二人は今からいいお友達になればそれでいいんです」という先生の言葉にも、人種や国籍や文化がからんだ複雑なニュアンスが加わる。

先生が葡萄作戦で示したのは許すことの大切さだった。ただ、「僕」がジムにきちんと謝罪していない点が気にかかる。〈その時から前より少しいい子になり、少しはにかみ屋でなくなった〉彼はともかく、一房の葡萄でごまかされたジムは納得したのだろうか。先生の手だけ思い出すのは、ジムのことは忘れちゃいたい反動なのかも。

横浜の学校で外国人とともに学んだ自身の経験を元に、妻を失った作者が、三人の子どもを励ますために書いたといわれる作品。と考えると、最後の一言は悲痛な叫びにも思える。

●有島武郎（ありしま・たけお　一八七八〜一九二三）主な作品は『カインの末裔』『或る女』、評論『惜みなく愛は奪ふ』等。弟は画家の有島生馬、小説家の里見弴。アメリカのハーバード大学等に留学。軽井沢の別荘で「婦人公論」記者波多野秋子と心中。
●出典…岩波文庫など

大八車はまたぶきような歌をうたいはじめた。

『兎の眼』（一九七四年）灰谷健次郎

親と教師が連帯する社会派児童文学

若い頃に感動したという人も多いのではないだろうか。

灰谷健次郎『兎の眼』は石坂洋次郎『青い山脈』や壺井栄『二十四の瞳』につらなる、新米の女性教師を主人公にした児童文学作品だ。

舞台はH（阪神？）工業地帯の中のとある町。小学校の隣には塵芥処理所（ゴミ焼却場）があり、学校にはここで働く非正規雇用者の家の子どもたちも通っている。この学校に着任し、悩みながらも子どもたちや地域の人々との交流を通して成長していく新米の小谷先生。〈鉄三のことはハエの話からはじまる〉と書き出されているように、とりわけ小谷先生と処理所の子どものひとりでハエに詳しい鉄三との心の交流が、この小説の眼目である。

と同時に『兎の眼』は児童文学界のプロレタリア文学だ。終盤、処理所の移転問題が起こり、非正規雇用の人々が正式採用と処理所あとの住宅建設を求めて立ち上がるあたりから、小説はにわかに社会派ドラマめくのである。社会的な背景はちがえど、ほろりとさせる部分も多い。子どもより大人に人気があるのはそのせいか。

ただし、よろしくないのはラストである。苦労の末にPTAの署名集めに成功した後のラストシーンは、処理所の大人と子どもと心ある教師らが、役所との交渉の場に意気揚々と向かう場面である。〈「出発！」／功は大声をあげた。大八車が動きだした〉。〈出発――なんていいことばだろう、小谷先生は鉄三の手をしっかりにぎりながら、しみじみ思うのであった。／大八車はまたぶきような歌をうたいはじめた〉

大八車が歌うようにゴロゴロと鳴る。それに続く小谷先生と子どもたち、処理所で働く大人たち。だけど大八車に乗っているのは同僚の足立先生だ。「教員ヤクザ」の異名もとる足立先生は三日間のハンストで身体がふにゃふにゃになったというのだが……。

いくら足腰が立たなくても、病人でも老人でもない大の男が大八車の上に乗っているのは感心しない。この構図では足立先生はまるで凱旋する英雄。でなきゃ、みこしに乗った殿様である。花を持たせるべき人物は、いくらでもいただろうに。

『兎の眼』の足立先生は『青い山脈』の校医・沼田先生を連想させる。不良っぽくて先進的。作者自身を投影しているのだろう、とはいわずにおくが、かっこよすぎるのが逆に変。

●灰谷健次郎（はいたに・けんじろう　一九三四～二〇〇六）主な作品は『太陽の子』『天の瞳』等。兄の自殺や母の死を受け、長年続けた教員を辞めて沖縄やアジアを放浪した。その後『兎の眼』を執筆、ベストセラーとなり児童文学作家として活躍。
●出典…角川文庫など

彼はへやにもどるなり、寝まきのまま飛び出して行った。

『路傍の石』（一九四〇年）山本有三

貧しくても辛くても勉学に励むのだ

少年文学として一時たいへん人気があった山本有三『路傍の石』は時代に翻弄された不運な作品でもあった。戦前は軍部の、戦後は占領軍の圧力で結局は完結しなかったのである。

主人公は愛川吾一。貧しい家に生まれ、母を亡くし、中学校への進学をあきらめて呉服屋の丁稚になるが、勉学の夢を捨てきれず奉公先を脱出して上京。昼は文選工（印刷工場で活字を拾う仕事）の見習い、夜は夜学に通いながら苦難にたえて成長していく少年だ。

有名なのは自らの勇気を示そうと彼が鉄橋の枕木にぶらさがるシーンだろう。汽車が直前で止まるまでの数秒間、昔見た映画で私もハラハラした覚えがある。

が、いま読んでおもしろいのは吾一を取り巻く大人たちの弁舌家ぶりである。自由民権運動あがりで口だけは達者だが生活力ゼロの横暴な父。小学校の担任で文士志望の次野先生。文選工仲間で社会主義者の得次。彼らがま～自らの人生論や国家論を語る語る。

この国家論の部分が当局の検閲にひっかかったのは想像にかたくない。かくして『路傍の石』には三種類の末尾が存在するのである。

（A）再会した次野先生に「吾一（われ一人）って名に恥じぬ生き方をしろ」と励まされ、吾一が「ええ、やります。やります」と答えたところで終わる戦後の版（鱒書房・一九四七年）。『路傍の石』に少年文学のイメージが強いのは、たぶんこの版のため。

（B）勤務先の印刷工場の近くで火事が起き〈彼はへやにもどるなり、寝まきのまま飛び出して行った〉で終わる戦前の版。山本全集も文庫も現在はここを末尾としているが、あまりに中途半端だ。しかし、ご心配なく。新潮文庫版には付録として、

（C）「成功の友」という雑誌の創刊を目指す吾一の耳に〈行商のロシヤ・パン売の声が、もう往来の方から響いてきた〉で終わる初出（朝日新聞）のバージョンもついている。

戦後何度も映画化されたのは、苦難にめげず勉学に励む吾一の姿が大人好みだったからだろう。（C）には二〇代の青年になった吾一の野望の片鱗もうかがえる。作者が先を書き継いでいれば、波瀾万丈のビルドゥングスロマンになったかもしれない。

舞台は作者の故郷・栃木県栃木市ともいわれ、同市には「路傍の石」の文学碑などが建つほか、小中高生らを対象にした「路傍の石作品コンクール」（感想文・感想画）が毎年行われている。

●山本有三（やまもと・ゆうぞう　一八八七～一九七四）主な作品は『波』『風』『真実一路』等。劇作家としても地歩を固め、生涯旺盛な執筆活動を行う。軍国主義の圧力により『女の一生』や『路傍の石』は連載中止に追い込まれた。戦後、参議院議員としても活躍。
●出典…新潮文庫など

しかし彼の父はもうそろそろ彼の絵を描くことにも吐言《こごと》を言い出してきた。

『清兵衛と瓢箪』（一九一三年）志賀直哉

●ジジむさい趣味にハマった一二歳

志賀直哉は子どもを主役にした短編小説を何編も残したが、とりわけ『清兵衛と瓢箪《ひょうたん》』は、『小僧の神様』と並んでよく知られた作品だろう。

清兵衛はいまでいうマニア、ないしオタクのはしりである。

彼は瓢箪に凝っていて一〇個ほど持っていたが、その凝りようは激しく、父の飲み残した酒で毎日手入れに励んでいる。そしてとうとう、一〇銭で手に入れたお気に入りの瓢箪を学校の修身の時間にも机の下で磨いて教員に怒鳴られるのである。

「到底将来見込みのある人間ではない」。

まだ一二歳の清兵衛が瓢箪のコレクションなどというジジむさい趣味にハマっているのが、この小説のおもしろいところ。そのうえ彼は非常な目利きで、教員に没収された瓢箪は後に五〇円で骨董店に売られ、最後は六〇〇円にまで値を上げるのだ。しかし、非凡なマニアは概して孤独だ。父は「馬琴の瓢箪」と称する名品をほめるような凡人で、息子が教員に怒られたと知るや、玄能（大型のかなづち）で瓢箪をすべてたたき割ってしまう。

ここに直哉を認めなかった父との確執を見る向きもあるが、それはつまらない読み方だ。「子どもの個性を伸ばしましょう」式の、戦後民主主義的な解釈もつまらない。それより注目すべきはラストである。父に愛瓢を割られた清兵衛は、あっさり瓢箪熱が冷め、次は絵にハマった。が、語り手はここで絶妙な一文を繰り出すのである。

〈しかし彼の父はもうそろそろ彼の絵を描くことにも叱言《こごと》を言い出してきた〉

子どもの興味をことごとつぶしにかかる父。今日の価値観から見れば望ましくない親だろう。しかし、強権を発動して反対してやるのも親心である。親と闘ってこそ子は伸びる。変に応援なんかしたら、子はりあいがなくなるじゃないの。

その意味で、清兵衛の父はいかにも昔風の父親だが、清兵衛も清兵衛だ。瓢箪をあっさり捨てた彼は、父が心配するまでもなく絵も捨てるだろう。子どもは概して飽きっぽい。ただ、彼はまた別の趣味にハマる。マニアは一生懲りないのである。

小説の舞台は広島県尾道市。尾道の「志賀直哉旧居」には数個の絵入り瓢箪が飾ってあった。ひとつは『清兵衛と瓢箪』の本文入り。骨董としての価値があるのかどうかはわからない。

●志賀直哉（しが・なおや　一八八三〜一九七一）主な作品は『暗夜行路』『和解』等。実父との確執とその後の和解が、主要作の主題を構成する。佐藤春夫、菊池寛、芥川龍之介ら同時代の作家に崇敬され、多くの志賀直哉論が書かれた。「小説の神様」の異名をとる。

●出典…集英社文庫など

（水蜜を）唇にあててその濃《こまや》なはだをとおしてもれだす甘いにおいをかぎながらまた新《あら》たなる涙を流した。

『銀の匙』（一九二一年）中勘助

●甘く切ない、泣き虫少年の思い出

〈私の書斎のいろいろながらくた物などいれた本箱の抽匣《ひきだし》に昔からひとつの小箱がしまってある〉。中勘助『銀の匙《さじ》』の書き出しである。

作者の子ども時代を回想した自伝的作品。前編と後編からなり、前編では幼年期から小学生時代までが、後編では高等小学校と中学校時代の話がつづられている。

病弱な母にかわって「私」を育ててくれた伯母は、ひ弱だった「私」（描写を読むとアトピー性皮膚炎だったように思われる）にいつも銀の匙で薬を飲ませてくれた。それが小箱の中にしまってあり、表題にもなった銀の匙の由来である。彼が生まれ育ったのは東京の神田のど真ん中。が、チャキチャキした土地柄に反して「私」は弱虫で泣き虫で意気地なし。『銀の匙』は、「なよなよ」「めそめそ」とした少年時代をそうっと慰撫するような作品なのだ。

ラストにもその感じがよく表れている。一七歳の夏、友達の別荘で友達の美しい姉に会った「私」。しかし彼女は「ごきげんよう」という言葉を残し、水蜜（桃）を置いて別荘を去ってしまった。そして「私」がとった行動は……。

〈力なく机に両方の肱《ひじ》をついて、頬《ほお》のようにほのかに赤らみ、梧《あご》のようにふくらかにくびれた水蜜《すいみつ》を手のひらにそうっとつつむように唇にあててその濃《こまやか》なはだをとおしてもれだす甘い匂をかぎながらまた新《あらた》な涙を流した〉

つまるところは失恋である。でも妙になまめかしいこの描写！　ここに至るまでにも『銀の匙』には何人もの女たちとの甘く切ない別れが織り込まれている。はじめて友達になったお国さん。学校にいっしょに通ったお蕙《けい》ちゃん。目も耳も弱って死んだ伯母。

この本が一躍脚光を浴びたのは一九八七年だった。岩波文庫の創刊六〇周年を記念して行われた「岩波文庫　私の三冊」という有識者へのアンケートで、もっとも多くの票を集めたのが『銀の匙』だったのだ。いわば、みんなが「心の小箱にしまってあった」本。桃をなでまわして泣くんだもん。じつは淫靡な作品なのだ、といっておこう。

夏目漱石の推薦で朝日新聞に連載された小説。中勘助はモテモテの色男だったが、どう見てもロリコンのマゾヒスト。詳しくは富岡多恵子『中勘助の恋』（平凡社ライブラリー）を。

●中勘助（なか・かんすけ　一八八五～一九六五）主な作品は『提婆達多』『犬』『鳥の物語』等。旧制一高、東大で夏目漱石に学び、父の死と兄の病気で危うくなった家計を助けるため、創作を開始。漱石の薦めで『銀の匙』を朝日新聞に連載。文壇とは距離を置いた。
●出典…岩波文庫など

「わたしも、このくらいのごほうびは、もらってもいいよな」

『点子ちゃんとアントン』（一九三一年）ケストナー

ベルリンを二つに分ける橋の上で

『エーミールと探偵たち』『飛ぶ教室』『ふたりのロッテ』。高橋健二らの訳で親しまれた岩波のケストナー作品は、現在、池田香代子の新しい訳で生まれ変わっている。『点子ちゃんとアントン』もそんな中の一冊。

点子ちゃんことルイーゼ・ポッゲは大金持ちの社長の娘。彼女の母は娘を養育係の女性に任せたまま、芝居だパーティーだと遊び回っている。点子ちゃんは両親に隠れて養育係のアンダハトさんと家を抜け出し、ヴァイデンダム橋でマッチを売っていた。

一方のアントン・ガストは病気の母とふたり暮らし。自分で料理をし、家計簿もつけ、夜は生活費を稼ぐため、やはりヴァイデンダム橋の上で靴ひもを売っていた。

舞台設定がすばらしい。川ひとつ隔てて富裕層と貧困層が住み分けるベルリンの街。その中間地点にかかる橋で物を売る少女と少年。接点がない二人を出会わせるしかけとしての橋。

そんな対照的な境遇にある二人の友情を描きつつ、物語は二つの家庭の「事件」を追うのだが、子どもの頃は気づかなかった。養育係に物売りを強要された少女。貧しさゆえに母にないしょで物売りをする少年。これは児童虐待の物語だったのだ。
ラストは騒動がすべて片づき、アントン母子に救済の手をさしのべた父親のポッゲ氏に、点子ちゃんが「はい、ごほうび」と葉巻とマッチを差し出す場面である。〈父さんは、葉巻に火をつけて、さいしょの煙を吐き出すと、おいしそうに、ふうとうなって、こう言った。／「わたしも、このくらいのごほうびは、もらってもいいよな」〉
マッチという小道具が、ここで負（売り物）から正（父へのごほうび）に転換する。大人の都合で二人が翻弄された以上、最後は大人が許される必要があるのである。
この本には各章の後に「立ち止まって考えたこと」という作者の解説がつく。「ハッピーエンドについて」と題された解説の最後は〈この地上は、もう一度、天国になれるはずだ。できないことなんて、ないんだ〉。子どもたちへのエールである。

この頃のドイツは、世界大恐慌の影響で貧富の差が拡大。社会不安が高まり、三三年にはヒトラー内閣が成立した。その意味では社会を告発した小説とも読める。

●エーリヒ・ケストナー（一八九九～一九七四）主な作品は『ふたりのロッテ』『わたしが子どもだったころ』等。ドイツの作家。『エーミールと探偵たち』で一躍有名になる。ナチスに自由主義的作風が厭われ、一時ドイツで執筆・出版を禁止されるも、戦後は再び活躍。
●出典…岩波少年文庫（池田香代子訳）

「あんたたちも、海賊になる？」

『長くつ下のピッピ』（一九四五年）リンドグレーン

世界最強の女の子の孤独

まっ赤なおさげ髪にそばかすだらけの顔。彼女は草ぼうぼうの「ごたごた荘」に、サルのニルソン氏を連れ、金貨のつまったスーツケースを下げてやってきた。

リンドグレーン『長くつ下のピッピ』は、世界中の子どもたちを魅了してやまない児童文学の名作である。彼女はまだ九歳だが怪力の持ち主で、彼女を「子どもの家」に入れようとしたおまわりさんも、勉強を教えようとした学校の先生もたじたじだ。

『あしながおじさん』や『赤毛のアン』など「みなし子」を主人公とした少女小説の、これはパロディともいえるだろう。そのシンボルが足の二倍もあるピッピの靴だ。シンデレラの小さな靴に象徴されるように、なにかと行動を制限されてきた女の子。けれどピッピはいう。「これなら足の指がよくうごかせるもの！」。大きな靴は自由の証しなのである。

とはいえ「世界一強い女の子」の内面にひそむ負の側面も無視できない。

最終章で、屋根裏から出てきたピストルを、ピッピは隣に住むトミーとアンニカ兄妹にプレゼントする。迎えにきた父親と帰っていくふたり。その背中に向かって、片手にピストル、片手に剣という姿で、ピッピはいい放つのである。〈「わたし、大きくなったら、海賊になるわ！」／ピッピはそうさけんでいました。／「あんたたちも、海賊になる？」〉

これをピッピお得意のおふざけととっていいのか。

母とは赤ん坊の頃に死に別れ、船長だった父は嵐で遭難した。が、父はどこかの島に流れ着いて王様になったと信じるピッピ。口うるさい親はいない。学校にも行かない。大人を向こうに回して突飛な行動に出るピッピは、子どもたちの夢を体現した存在である。しかし、大人から見れば、彼女は共同体と相容れない虚言癖の強い子だ。「海賊になる」の一言にはそんな彼女の寂しさと、世界へのかすかな敵意がにじむ。「あんたたちも戦え」と鼓舞しているようにも見える。最強の女の子の孤独が凝縮された、ちょっと切ないラストシーンだ。

後に三部作となった不朽の名作。完結編『ピッピ南の島へ』のラストでピッピはろうそくを見ている。〈それから、ピッピは、ふっと、火をけしました〉。これも秀逸な終わり方である。

●アストリッド・リンドグレーン（一九〇七〜二〇〇二）主な作品は『名探偵カッレくん』『ちいさいロッタちゃん』等。スウェーデンの児童文学作家。教師や事務員として働く傍ら創作を始める。『長くつ下のピッピ』で一躍名を馳せ、良質な児童文学を多く世に送り出した。

●出典…岩波少年文庫（大塚勇三訳）

みなさんにおたずねしたいと思います。——君たちは、どう生きるか。

『君たちはどう生きるか』（一九三七年）吉野源三郎

●コペル君が学んだ社会のしくみ

ヤングアダルトなんていうジャンルが影も形もなかった頃、「日本少国民文庫」の一冊として出版されたのが吉野源三郎『君たちはどう生きるか』だった。

〈コペル君は中学二年生です。／ほんとうの名は本田《ほんだ》潤一《じゅんいち》、コペル君というのはあだ名です〉と本は書き出される。コペル君は成績はいいが身体が小さいのが悩み。お金持ちで物静かな水谷君、がっちりタイプで負けん気が強い北見君、貧しい豆腐店の息子で自ら店に立って家族を助ける浦川君。コペル君とそんな級友たちとの物語の合間には、父を亡くしたコペル君のために母の弟がつづった「おじさんのノート」が挟まる。

コペル君たちのお話にももちろんドキドキさせられるが、それと同じか、それ以上に秀逸なのが「おじさんのノート」である。コペルニクスの地動説からガンダーラの仏像まで、世界の森羅万象を語るおじさん。粉ミルクの缶からコペル君が発見した「人間分子の関係、網目の法則」を評しておじさんはいう。君が思いついた法則は「生産関係」というんだ。知識と教養にあふれたこのおじさんは、じつは大学を出てまもない二〇代の若者なのだが。

北見君が上級生に因縁をつけられて、いっしょに殴られようと約束したのに、友を裏切ってしまったコペル君。この事件が彼を成長させ、物語の最後でコペル君も自分のノートを書きはじめる。〈僕は、すべての人がおたがいによい友だちであるような、そういう世の中が来なければいけないと思います〉。そして作者のラストメッセージ。〈そこで、最後に、みなさんにおたずねしたいと思います。――／君たちは、どう生きるか〉。

「君たちはどう生きるか」というテーマで、人生論ではなく社会科学的なものの見方を説いているのが本書のユニークなところ。少しばかり鼻持ちならない匂いがするのは「未来の知識人」を想定した本だったせいだろう。本書が出版された昭和一二年は日中開戦の年。この六～七年後には、まさにコペル君たちの世代が戦場に送り込まれ、「立派に死ね」と命じられたのだった。と思うと最後の問いかけが、よけい身にしみる。

戦後作者が手を入れたため、数バージョンがある作品。コペル君がラジオの実況を真似るのは、戦前版は早慶戦、戦後版は南海巨人戦だった。現在の岩波文庫版は戦前版に準拠。

●吉野源三郎（よしの・げんざぶろう　一八九九～一九八一）主な作品は『エイブ・リンカーン』『ぼくも人間、きみも人間』等。山本有三編纂「日本少国民文庫」の編集主任、明治大学教授を経て、岩波書店入社。雑誌「世界」の初代編集長を務め、「岩波少年文庫」の創設にも尽力。
●出典…岩波文庫など

バタン・バタン、バタン・バタンと、階段をのぼっていく音がきこえてきました。

『クマのプーさん』（一九二六年）A・A・ミルン

日本語訳のワザも芸術的だ

プーといったら、いまの子どもたちにはディズニー版の『くまのプーさん』なんだろうけれど、昭和の子どもたちにとってのプーは、そりゃもう石井桃子の訳（一九四〇年）による、A・A・ミルン『クマのプーさん』と決まっていた。

風船につかまってハチミツをとろうとしたり、ウサギの穴にはまったり、トンチンカンだが愛すべきプー。イーヨー、コブタ、ウサギ、フクロといった森の仲間たち。続編の『プー横丁にたった家』で登場するトラー。石井訳に親しんでしまった者にとっては、ディズニー式のピグレット、ラビット、オウル、ティガーといった登場人物の名前それ自体がしゃらくさく、そっちが原典に忠実なのだとは思っても、どうも別物に見えてしまう。

訳者のワザが光るのはとりわけこんな箇所である。

字が書けないプーは、イーヨーへのプレゼントに「お誕生日御祝《おんいわ》い」と書きたいと思い、フクロに「書いてくれませんか」と頼む。フクロは書いた。こんなふうに……。

〈おたじゃうひ　たじゅやひ　おたんうよひ　おやわい　およわい〉

書きまちがいが芸術の域に達してる！

〈プーは、ほれぼれと、それを見物しました。／「なに、ちょっとお誕生日御祝いと書いただけのことです。」と、フクロは、なんでもなげにいいました。／「とってもながくて、りっぱだ。」と、プーはすっかり感心して、いいました〉。

息子のクリストファー・ロビンに父が語り聞かせる物語。プーはもともとクマのぬいぐるみである。書き出しは〈そうら、クマくんが、二階からおりてきますよ。バタン・バタン、バタン・バタン、頭を階段にぶつけながら、クリストファー・ロビンのあとについてね〉。ラストはこれの反対だ。〈クマのプーさんが、クリストファー・ロビンのあとから、バタン・バタン、バタン・バタンと、階段をのぼっていく音がきこえてきました〉。

子どもの手でぶら下げられ、階段を逆さまに引きずられるクマ。一階と二階をつなぐ階段はファンタジーの世界への出入り口。おしゃれな構成の本なのだ。

石井桃子（一九〇七～二〇〇八）は児童文学界に大きな足跡を残した翻訳家・作家。「うさこちゃん」も「ピーターラビット」も彼女の訳でなければここまで普及しなかっただろう。

●アラン・アレクサンダー・ミルン（一八八二～一九五六）主な作品は『赤い館の秘密』等。イギリスの作家。幼少時にH・G・ウェルズの知遇を得て、多大な影響を受ける。探偵小説も書いたが、日本では『クマのプーさん』シリーズの作者として有名。

●出典…岩波少年文庫（石井桃子訳）

さあゆこう。――ちょうど、お茶の時間にまにあうようだ。

『ドリトル先生航海記』（一九二二年）ヒュー・ロフティング

よくも悪くも大英帝国的な物語

動物と話ができるお医者で博物学者のドリトル先生。日本では井伏鱒二の訳で知られる全一二巻のシリーズである。なかでも二巻目の『ドリトル先生航海記』は人気のある一冊だ。オウムのポリネシア、猿のチーチー、犬のジップ、アヒルのダブダブ。先生の助手をつとめる少年トミー。名前を聞くだけでもなつかしい。

しかしながら、いま読むと時代を感じさせる。

ひとつは、現代の感覚からすると、いささかスローな筋の運びだ。ドリトル先生が尊敬する博物学者ロング・アローの消息を求めて、先生と動物たちが再び航海に出る。それが『航海記』の筋立てだが、航海記だというのに一行はなかなか出発しない。三八〇ページほどの本の一六〇ページをすぎても、彼らはまだイギリスにいる。老人になったトミーが語り手をつとめているため「先生はおっしゃいました」式の語りのテンポがまた悠長。

もうひとつは、この時代の文学の限界として、西洋中心主義から抜けきっていないこと。一行がやっとの思いでたどり着いたクモサル島は、「アメリカ・インディアン」が住む未開の島だった。火を持たない彼らのために、火のおこし方を教え、隣の部族との戦争の鎮圧に成功した先生は、新しい王様に選ばれてしまう。外から来た白人が、未開人に文明をもたらし、正しい方向へと導く。植民地主義的なんです、発想が。

救いは、物語がそこでは終わらないことだろう。終盤、王様の仕事に忙殺され、自由を失った先生を案じ、動物たちは一計を講じて先生を島から連れ出す。島の住民と別れを惜しむヒマもなく、巨大な「海カタツムリ」の殻に乗って、イギリスに戻った一行。留守番のダブダブが台所で火をたいているかしら、というトミーの声に応じて先生はいう。

〈四時だ！　さあゆこう。――ちょうど、お茶の時間にまにあうようだ〉

よくも悪くも、大英帝国の時代らしい物語。海洋冒険ロマンというスタイルも、先生（と読者）を非日常から日常に引き戻すしかけが「お茶の時間」である点も。

いまの子どもたちには、二〇一一年から刊行がスタートした河合祥一郎の新訳によるドリトル先生シリーズ（角川つばさ文庫）がおすすめ。訳文は一新され、差別的な表現に関する解説もつく。

●ヒュー・ロフティング（一八八六～一九四七）主な作品は『ささやき貝の秘密』等。アメリカの作家。イギリス生まれだが、アメリカで働きながら執筆。第一次大戦時、傷ついた軍馬の悲惨な状況を見て『ドリトル先生アフリカゆき』の着想を得た。

●出典：岩波少年文庫（井伏鱒二訳）

洪作は侘しい音楽を、やはり侘しい音楽として受け取るだけの年齢になっていたのであった。

『しろばんば』（一九六三年）井上靖

●伊豆の田舎町から旅立つ少年

伊豆の湯ヶ島（静岡県伊豆市）を舞台に、作者の少年時代を描いたといわれる井上靖『しろばんば』は、小さな虫の話からはじまる。

〈その頃、と言っても大正四、五年のことで、いまから四十数年前のことだが、夕方になると、決って村の子供たちは口々に〝しろばんば、しろばんば〟と叫びながら、家の前の街道をあっちに走ったり、こっちに走ったりしながら、夕闇のたちこめ始めた空間を綿屑でも舞っているように浮游している白い小さい生きものを追いかけて遊んだ〉

これが表題の由来である。豊橋に赴任した家族と離れ、母の実家がある湯ヶ島で、曽祖父のお妾《めかけ》だったおぬい婆さんと敷地内の土蔵で暮らす洪作。洪作を溺愛するおぬい婆さんとの絆を軸に、物語は洪作の小学二〜三年生と、五〜六年生のころを描く。

中伊豆の自然に包まれた子どもたちの暮らしが描きこまれる一方、この小説がおもしろいのは、都会と田舎の対比が描かれていることだ。婆さんに連れられて、沼津、豊橋、三島、下田など、洪作は何度も村の外に出かけ、都市の華やかさに圧倒される。花柳界上がりのおぬい婆さん、女学校を出て教師になった叔母のさき子、転校生のあき子、都会の色に染まった母の七重ら、誇り高い女たちも都会と田舎をつなぐ存在である。

おぬい婆さんの死後、中学受験を控えた洪作は、軍医である父の新しい赴任先・浜松に旅立つ。小説は洪作が列車の待ち時間に映画の宣伝をする楽隊に出会うところで終わる。〈郷里を離れる日の感傷的な気持でもあったが、また一方で、洪作は侘しい音楽を、やはり侘しい音楽として受け取るだけの年齢になっていたのであった〉

最後の場面が大都市・浜松へ向かう乗換駅の大仁《おおひと》である点に注目したい。幼い頃は華やかな街だと思っていた大仁で感じる「侘しさ」。そこが通過点にすぎないことを、人生のスタート地点に立った洪作はもう知っているのである。『伊豆の踊子』とは逆に、少年が伊豆の外に出て行く物語。楽隊が奏でる侘しい音楽で、少年の門出を祝う。手だれの仕事だ。

湯ヶ島には「しろばんばの像」が建ち、文学散歩が楽しめる。しろばんばは白い綿毛の分泌物を出すアブラムシ類の昆虫の俗称。雪虫とも呼ばれる。

●井上靖（いのうえ・やすし　一九〇七～一九九一）主な作品は『闘牛』『氷壁』『風濤』『孔子』等。毎日新聞社に勤めていたが『闘牛』で芥川賞を受賞し、その後作家生活に入る。積極的に世界各国を旅行。日本文藝家協会理事長、日本ペンクラブ会長等の役職を務めた。
●出典…新潮文庫など

聞くともなしに伝へ聞くその明けの日は信如が何がしの学林に袖の色かへぬべき当日なりしとぞ。

『たけくらべ』（一八九六年）樋口一葉

美登利の友禅、信如の水仙

東京の下町、吉原の界隈を舞台に、子どもから大人に移行する少年少女の時間を描いた名作。といったら、もちろん樋口一葉『たけくらべ』である。

吉原のナンバーワン遊女の妹で、自身も将来は遊女になる運命の美登利《みどり》は、男の子たちを向こうに回してケンカをしちゃうほどお転婆な少女。一方、龍華寺《りゅうげじ》の息子で将来は僧侶になることが決まっている信如《しんにょ》は気弱な少年だ。環境も性格も対照的なふたりの間の淡い感情。文語体の作品だが、彼らの気分を切りとる一葉の筆は、まるで映像作家のカメラである。

美登利が住む大黒屋の前で、信如のゲタの鼻緒が切れたことがあった。障子の内からそれを見た美登利は、急ぎ表に出て、鼻緒にするための紅色の友仙（友禅）の布きれを投げてやる。しかし、信如は通りかかった友達のゲタを借りて行ってしまった。そこを一葉はこのように書く。〈紅入《べにいり》の友仙は可憐《いぢら》しき姿を空しく格子門の外にと止《とど》めぬ〉。

格子門の間から下に落ちた紅色の布。いやーん、胸キュン！　美登利がいやいや島田の髷を結わされるのは、それから間もなくのことだった。店に出る日が近づいていたのである。

ラストシーンは、この場面に対応している。

ある朝、美登利がふと見ると、格子門の外から水仙の造花がさしてある。誰の仕業ともわからぬまま、〈何ゆゑとなく懐《なつ》かしき思ひにて〉美登利は造花をちがい棚の一輪ざしにさして眺める。そして一葉は、この後に絶妙な一言を記す。〈聞くともなしに伝へ聞くその明けの日は信如が何がしの学林に袖の色かへぬべき当日なりしとぞ〉。

学林とは僧侶を育てる学校のこと。水仙の一件の翌日、信如は僧侶への第一歩を踏みだすために、この町を発ったのである。格子門にさされた白い水仙は、美登利が投げた紅い布への信如の返礼だったのか、詫びだったのか。んもう、胸キュンの三乗！

遊女になった美登利と、僧侶になった信如が、この先会うことはないだろう。最後の一文はふたりの決定的な別れを意味する。が、そうとは感じさせない余韻の残し方がすばらしい。

美登利が最終節で急におとなしくなるのは、初経のせいか初店のせいか論争になったことがあった。少年の成長は進学と、少女の成長は肉体的な変化と不可分らしい。

●樋口一葉（ひぐち・いちよう　一八七二〜一八九六）主な作品は『にごりえ』『十三夜』等。父の死後、一家の家計を支えた。歌塾萩の舎に入門。同門の三宅花圃が書いた『藪の鶯』刊行に触発され、作家を目指す。文壇で高い評価を得るも、二四歳で結核により逝去。
●出典…新潮文庫など

大きい少年たちはほとんどおとなのようになっていたことを。

『十五少年漂流記』（一八八八年）ジュール・ヴェルヌ

「近代」を教えるボーイスカウト小説

少年少女向けの抄訳で読んだという人も多いだろう。ジュール・ヴェルヌ『十五少年漂流記』の原題は『二年間の休暇』である。

物語は〈一八六〇年三月九日の夜は、ひと晩じゅう、雲がひくく海をおおいつくし、数メートル先しか見通せなかった〉という嵐の場面からいきなりはじまる。八歳から一四歳まで、一五人の少年を乗せた帆船は南太平洋を漂流し、無人島にたどりつく。

一五人の内訳は、ニュージーランドの寄宿学校の生徒一四人と黒人の少年水夫一人（プラス犬一頭）。一三歳のブリアンは下級生思いのフランス人。同じく一三歳のドニファンはプライドの高いイギリス人で、ブリアンとは犬猿の仲である。最年長のゴードンは人望の厚いアメリカ人で、初代の「大統領」に選ばれる。国籍も性格も異なる三人の年長者を中心に、学校の名をとったチェアマン島で一五人は二年間もの間、生活をともにするのである。

食料となる獲物はすぐとれる。住まいに適したほら穴もやがて見つかる。寝具も衣類も船から運び出すことができ、あらゆる危機は間一髪で回避する。大人になったいま読むと、楽天的すぎて巨大なテーマパークでのサバイバルゲームに見えないでもない。

しかし、この「休暇」の意味は末尾で明言されている。〈すべての子どもたちによく知っていてほしいのだ――秩序と、熱意と、勇気があれば、たとえどんなに危険な状況でも、きりぬけられないものはない、ということを〉。〈すべての少年たちは、忘れないでほしいのだ――この少年たちが国に帰ったときには、小さい少年たちはほとんど大きい少年たちのように、大きい少年たちはほとんどおとなのようになっていたことを〉。

説教臭いなあ、もう。と大人になった私は思うが、子どもは意外にベタな説教が好き。選挙、生活、そして戦争。大人社会の縮図のような共同体での経験を経て、少年は大人になる。これすなわち、近代が考える「正しい少年像」である。『十五少年漂流記』から『機動戦士ガンダム』までつながる、チームワークの物語。ややハードなボーイスカウト小説だ。


日本語の初訳は森田思軒の『十五少年』（一八九六年）。『十五少年漂流記』は霜田史光訳（一九二五年）から。抄訳で普及した物語だが、集英社文庫版は全訳。

●ジュール・ヴェルヌ（一八二八～一九〇五）主な作品は『海底二万里』『八十日間世界一周』『月世界旅行』等。フランスの作家。科学に深い関心を持ち、空想科学小説を数多く執筆して流行作家となる。彼の作品はSFというジャンルの草分け的存在ともなった。
●出典：集英社文庫（横塚光雄訳）

（士官は）その間、沖合はるかに停泊している端正な巡洋艦の姿に、じっと眼をそそいでいた。

『蠅の王』（一九五四年）W・ゴールディング

『十五少年』を異化する戦慄の二〇世紀文学

少年たちを乗せた飛行機が南太平洋の孤島に不時着し、助けを待ちつつ彼らだけの生活をはじめる。W・ゴールディング『蠅の王』は『十五少年漂流記』を意識しまくった小説だ。もっとも気の弱い人にはおすすめしない。吐き気がしそうな展開や描写が満載。悪趣味のきわみだからである。島は珊瑚礁の楽園で、食料も豊富に手に入った。少年たちも最初は楽しくやっていた。しかし、血なまぐさい殺戮の場面を見たくなくて獲物の豚はなかなか獲れず、救助隊に居場所を知らせる焚き火も火の当番の子が狩りに熱中して消えてしまう。こうして二つのチームに分かれた少年たちは対立を深め、事態は最悪の方向に！

少年たちから秩序を奪ったものの正体は恐怖だろう。『蠅の王』は「人間の闇」を描いているとかいわれるけど、そんなに大仰な話ではない。恐怖は人に何だってさせるのだ。『十五少年漂流記』とのちがいはラストにも表れている。火事になった島に煙を見つけて上陸してきた海軍士官はいった。「なかなかおもしろそうに遊んでるじゃないか」。しかし「いったいきみたちは何人いるのかね？」という質問に、リーダー格の少年ラーフは答えられない。「きみたちはみんなで何人ここにいるかも知らないっていうのかい?」。少年たちの成長をたたえて終わる『十五少年漂流記』とのなんたる差か。

〈少年たちの嗚咽にとり囲まれた士官は、心を動かされかなりどぎまぎした。彼らが気をとりなおす時間の余裕を与えようと、顔をそむけた。そしてじっと待っていた。その間、沖合はるかに停泊している端正な巡洋艦の姿に、じっと眼をそそいでいた〉

安心して泣く少年たちのかたわらで、士官は何を思ったか。母国イギリスの少年たちの荒廃ぶりに対する嘆きか。彼らを追いつめた大人としての苦い責め苦か。いや、ことはそう単純ではない。それが巡洋艦という戦争の船である以上、少年たちが本国に戻れる保証はないからだ。なにしろ舞台は近未来。少年たちは核戦争から疎開する途中で遭難したのだ。島の外で待ち受けるのはもっと過酷な運命。この時間は一瞬の休息にすぎないのである。

『蠅の王』が指すものを説明しようかと思ったが、気持ち悪すぎるので割愛。正統派冒険小説のパロディとしても読める作品。一九世紀と二〇世紀の小説の差、ですね。

●ウィリアム・ゴールディング（一九一一〜一九九三）主な作品は『ピンチャー・マーティン』『尖塔』等。イギリスの作家。第二次大戦に従軍。処女小説『蠅の王』で高い評価を得た後も重厚な作品を発表し、一九八三年ノーベル文学賞を受賞した。

●出典…集英社文庫（平井正穂訳）

「そりゃ、母さんは別さ」

『にんじん』（一八九四年）ルナアル

「鬼母」という敵キャラ

赤い髪とソバカスだらけの顔ゆえ、家族から「にんじん」と呼ばれている男の子。母は末っ子のにんじんにだけ辛くあたり、小ざかしい兄と姉は弟を小バカにし、父は妻の異常な行為を止められない。――心温まるヒューマンな家族の物語を読みなれた若い読者にとって、ルナアル『にんじん』は相当ショッキングな小説だろう。

酷な仕事を押しつける。おねしょの罰にあらぬものをスープに入れる。罵倒の言葉を吐きたおす。にんじんに対する母の仕打ちはそりゃもうひどくて目をおおうばかり。一方のにんじんもまた、母に叱られまいとウソはつく、虚勢は張る、動物は殺す。こんな話を子どもに読ませていいのかと、子どもの頃の私はいぶかったものだった。

でも、そう考えるのは「母はわが子を無条件に愛するもの」「子どもは健気で無垢なもの」という固定観念のせいかもしれない。虐待なんてのは昔からあった（昔のほうがひどかった）わけで、その断片を小話風につないだ『にんじん』は、「邪悪な鬼母」という敵キャラと「卑屈な息子」という軟弱キャラのコント集みたいにも見えるのだ。

実際、にんじんも負けっぱなしではない。終盤には「やい、因業婆！」「おれはお前が大嫌いなんだ！」と叫んだり、母の命令を「いやだよ」と拒絶するまでに成長する。ラストシーンでも、彼は帽子を地べたにたたきつけて叫ぶのだ。「おれなんか、絶対に、誰も愛してくれやしない！」。そこに突然現れたボスキャラ、鬼母！〈すると、にんじんは、無我夢中で附けたす――／「そりゃ、母さんは別さ」〉

とっさの一言。敵の攻撃を未然にかわす、にんじん、渾身の防御である。最後に母子が和解したら『にんじん』は凡作で終わっただろう。結末近くで衝撃の告白をした父。母の態度の裏には、夫婦の不仲が隠されていた。「二〇歳まで耐えればおまえは自由だ」と語った父の言葉通り、にんじんはやがて家を出ていくだろう。「母さんは別さ」の一言が、少年期を脱しつつある子から母へのリップサービスにも皮肉にも見える。

作者の子ども時代が反映しているといわれる作品。訳者の岸田国士は「子供を甘く見るな」というメッセージが本書の主張だと述べている。現代の虐待を考えるヒントにもなりそうだ。

●ジュール・ルナール（一八六四〜一九一〇）主な作品は『葡萄畑の葡萄作り』『博物誌』等。フランスの作家。「メルキュール・ド・フランス」誌の創刊に携わり、『根なしかずら』で注目を集めた。『にんじん』の舞台化は大ヒットし、演劇分野でも活躍した。
●出典…岸田国士訳、岩波文庫

6 風土の研究

歩いてみなけりゃわからない。
この国の人と自然と歴史と文化。

(甲府の富士は)酸漿《ほおずき》に似ていた。

『富嶽百景』(一九三九年)太宰治

失意の作家をとらえた富士の姿

〈富士には、月見草がよく似合う〉

太宰治『富嶽百景』の中の有名な一節である。ここから思い浮かぶのは、黄色い月見草が咲く向こうにそそり立つ富士、であろう。私は昔、富士山麓のどこかに月見草の群生地があるのかと思っていた。もちろんこれは、とんだまちがい。

作家デビューはしたものの、薬物依存に自殺未遂に心中未遂。失意のどん底にあった太宰は一九三八年(昭和一三年)の九月から一一月半ばまで、井伏鱒二に誘われ、〈思いをあらたにする覚悟〉で河口湖畔からしばらく登った御坂峠の天下茶屋に逗留した。『富嶽百景』はそこでの日々を折々の富士の姿をまじえて綴った短編である。

御坂峠からの眺望は富士三景のひとつだが、〈まるで、風呂屋のペンキ画だ。芝居の書割だ。どうにも註文どおりの景色で、私は、恥ずかしくてならなかった〉と太宰は書く。

一方の月見草は峠に向かうバスの中で富士とは逆側(↑ここが肝心)に一瞬見えた黄金色の花である。他の乗客が〈変哲もない三角の山〉に歓声を上げる中、富士と反対側の断崖を見ている老婦人。「おや、月見草」と彼女はいった。見れば、路傍の花が富士と〈立派に相対峙し、みじんもゆるがず〉立っている。この月見草はマツヨイグサともオオマツヨイグサともいわれるが、いずれにせよ富士と月見草は同じフレームに収まってはいないのだ。

で、末尾。こちらは峠を下って甲府に一泊した、あくる朝の光景である。

〈安宿の廊下の汚い欄干によりかかり、富士を見ると、甲府の富士は、山々のうしろから、三分の一ほど顔を出している。酸漿《ほおずき》に似ていた〉

山梨県と静岡県は「どちら側の富士が表か」でいまも争っているけれど、「ホオズキに似た富士」はちょっと恥ずかしげである。御坂峠滞在中、太宰は甲府の女性（後に妻となる石原美知子）との縁談が進んでいた。そもそもは縁談という小っ恥ずかしい事態を後ろに隠すために、前景に引っぱり出されたのかもしれない富士。甲府から見た富士は、婚約者のようす、あるいは結婚を控えた作者の心情を映しているのかも。


御坂峠には「富士には／月見草が／よく似合ふ／太宰治」という文学碑が建っている。しかし、どうせなら「まるで、風呂屋のペンキ画だ」のほうがおもしろかったのに。

●太宰治（だざい・おさむ　一九〇九〜一九四八）プロフィールは37ページ参照。
●出典…新潮文庫『走れメロス』など

何処《どこ》となく都の空の彼方で汽笛の響がする。

『武蔵野』（一八九八年）国木田独歩

風景を発見した文学

〈「武蔵野の俤《おもかげ》は今わずかに入間郡に残れり」と自分は文政年間に出来た地図で見た事がある〉

国木田独歩『武蔵野』の有名な書き出しである。定型句として現在もよく使われる「武蔵野の面影がのこる……」という表現は、ここに由来するらしい。

『武蔵野』の文学史的な価値は「風景」を発見したことだといわれる。風景は最初からそこにあるのではなく、見る側の意識があってはじめて風景になる。ツルゲーネフが書き、二葉亭四迷が訳したロシアの白樺林の描写を読んで、独歩は「コレだ！」とひらめいた。それで真似して書いたのが『武蔵野』で、とりわけ彼の心に響いたのは四季折々に姿を変える落葉樹林だった。落ち葉の積もった林になど、独歩以前は誰も見向きもしなかったのである。

かくて独歩は武蔵野の自然に最大限の賛辞を捧げるのだが、ラストに描かれているのは〈大都会の生活の名残と田舎の生活の余波〉が落ち合う場所だ。〈九時十時となると、蟬が往来から見える高い梢で鳴きだす、だんだん暑くなる〉と夏の午前中の風景を描写した後に、〈それでも十二時のどんが微かに聞えて、何処《どこ》となく都の空の彼方で汽笛の響がする〉。

ここでテキストは終わる。「十二時のどん」とは午砲（正午の時報）のこと。東京の午砲台は丸の内にあった。それが聞こえるっていうことは、この「武蔵野」はどこ？　っていうか自然描写はどこへ行った？　と思うけど、それは都会と自然を分けたがる私たちの貧しい自然感のせい。独歩が愛した関東の落葉樹林は、北海道の原生林などとちがい、人の手の入った林である。いまの言葉でいえば「里山」に近い。

人の暮らしに近い自然。都市と田舎の境界。明治の東京にはそんな場所がたくさんあった。鳥、風、虫、荷車、馬の蹄《ひづめ》……。作中には「音の風景」も多く、その最後に遠くで汽笛が鳴るのである。都心との絶妙な距離感。冒頭の「文政年間」から「汽笛の響がする」近代まで、ちょっと時間の旅をした感じもある。ちなみに『武蔵野』の執筆以前、独歩は渋谷に住んでいた。ファッションビルが立ち並ぶあのへんも、明治の頃には雑木林のある「武蔵野」だったのだ。

「武蔵野」がどこからどこまでを指すかはむずかしい。武蔵野市には『武蔵野』の一文をとった独歩の碑が建つが、渋谷には「国木田独歩住居跡」の碑が。NHKの裏あたりです。

●国木田独歩（くにきだ・どっぽ　一八七一～一九〇八）主な作品は『源叔父』『牛肉と馬鈴薯』『運命論者』等。詩や小説を書きながら、編集者としての才も発揮し、雑誌「婦人画報」の初代編集長を務めた。自然主義文学の草分けとされる。

●出典…岩波文庫など

自分は脊椎カリエスになるだけは助かった。

『城の崎にて』（一九一七年）志賀直哉

表題に似合わぬ残酷物語

城崎《きのさき》は兵庫県をいまも昔も代表する温泉地である。しかし、旅情を求めて志賀直哉『城の崎にて』を手にした人は、予想を裏切る内容にギョッとするだろう。

小説は〈山の手線の電車に跳ね飛ばされて怪我《けが》をした、その後養生《あとようじょう》に、一人で但馬《たじま》の城崎温泉へ出掛けた〉とはじまる。

ああ、湯治に訪れたのだなとわかる書き出しだが、力点は前半の「怪我をした」のほうにある。だいたい電車に跳ね飛ばされて生きているほうが奇跡なわけで、実際、作品はこの後、〈背中の傷が脊椎カリエスになれば致命傷になりかねないが〉と続くのである。

脊椎カリエスは結核菌が脊椎に達して発症する病で、ケガと直接の関係はない。が、背中の痛みが当時は不治の病だったカリエスを連想させたのか、語り手の「自分」は死の恐怖におびえている。そんな状態で彼が目撃した三つの小さな事件。それが文庫本で九ページほどのこの短編のほとんどすべてといっていい。小さな事件とは、すべて小動物の死、である。最初は宿の窓から見たハチの死骸。次が川に落ちてもがき苦しむ瀕死のネズミ。最後に石に当たって死ぬイモリ。死におびえているからこそ見えた光景、とかいうけどさ。

　この小説を有名にしたのは谷崎潤一郎『文章読本』だった。同書の第一章で谷崎はくだんのハチの場面を引用し、簡にして要を得た文章だと賞賛したのである。もっとも『文章読本』は世の美文信仰をいさめた本だ。『城の崎にて』を引いたのは、美しい描写を喜ぶ読者への嫌がらせだったのではないか。

　直哉も直哉だ。彼が事故で重傷を負い城崎に逗留したのは実話だが、残酷シーンを書くことで彼は読者にも死の恐怖を味わわせたかったのではないか。

〈それから、もう三年以上になる。自分は脊椎カリエスになるだけは助かった〉

　素っ気ない、自己中心的な報告で小説はぷつんと終わる。最初と最後を読む限り、これが動物虐待を含む残酷物語とは誰も思わないだろう。加えて紀行文風の表題。かくて読者はまんまとだまされる。「小説の神様」は、こういう悪魔みたいなこともやる作家なのだ。


多くの文人墨客が訪れた城崎には文学碑も多い。直哉の碑の碑文は『城の崎にて』の冒頭と〈彼方の、路へ差し出した桑の枝で、或一つの葉だけが……〉云々で、残酷シーンは避けられている。

●志賀直哉（しが・なおや　一八八三〜一九七一）プロフィールは185ページ参照。
●出典…角川文庫など

そして、われわれははやく日本が見えないかと、朝に、夕に、ゆくての雲の中をじっと見つめました。

『ビルマの竪琴』（一九四八年）竹山道雄

●日本で書かれ、日本で読まれた癒しの書

ビルマで敗戦を迎えた日本人の兵士が僧侶となって現地にとどまる――『ビルマの竪琴』は旧制第一高等学校のドイツ語教師だった文学者、竹山道雄が残した児童文学作品だ。〈ほんとうにわれわれはよく歌をうたいました〉

そんな風にはじまる物語は、音楽学校出の隊長ひきいる隊が主役である。降伏後、戦死した同胞を弔うために、出家してビルマに残る決断をした水島上等兵。「おーい、水島」「一しょに日本にかえろう！」。そんなセリフも印象的な、戦後たいへんよく読まれた作品だ。

しかし今日、この作品は文学者や歴史学者に無条件に支持されているとはいいがたい。心温まる筋書きに反して、『ビルマの竪琴』にはなにかと問題もあるからだ。

歌う軍隊という設定はいいとしても、彼らの仲良しぶりも「はにゅうの宿」で敵のイギリス軍と心が通じ合うくだりも、戦場や旧日本軍の実態とはあまりにかけ離れている。「人食人種」が出てくるなど、アジアに対する無知無理解が目にあまる。戦争とビルマと上座部仏教に対する誤った知識を植え付けた。などなど。

ビルマを訪れた経験も戦場体験もない作者は、じゃあなぜこれを書いたのか。教え子たちを戦地に送り出した知識人としての慚愧の念があったからだといわれているが、理由の一端が末尾にもうかがえる。最後は隊を乗せた帰還船が海上を進む場面である。〈船は毎日ゆっくりとすすみました。先へ――。先へ――。そして、われわれははやく日本が見えないかと、朝に、夕に、ゆくての雲の中をじっと見つめました〉

「はやく（未来の）日本が見えないか」と言葉を補うと、敗戦後まもない頃の気分が想像できる。望郷の念だけではない。当時の人々は日本の進路を「じっと見つめ」ていたのである。

とはいえ、水島上等兵がビルマに残ったのは戦場で散った同胞の骨を拾うため。時代の限界とはいえ、ビルマの人々の目はまったく意識されていない。水島の行為によって隊も読者も「癒やされて」しまうあたり、どこまでも「われわれ日本人」の物語なのだ。

竹山道雄が帰還した教え子から聞いた話をもとに構想したと伝えられる物語。軍隊の中のコーラス隊というのは実話らしい。一九五六年には安井昌二、八五年には中井貴一の主演（いずれも市川崑監督）で映画化された。

●竹山道雄（たけやま・みちお　一九〇三〜一九八四）主な作品は『白磁の杯』『みじかい命』等。ドイツ文学者、評論家として、ニーチェやイプセン等の翻訳にも功績を残す。児童雑誌に連載された『ビルマの竪琴』が反響をよび、市川崑監督によって映画化された。
●出典：新潮文庫など

一つの音の後には、また他の音が続いた。

『夜明け前』（一九三五年）島崎藤村

明治維新を非薩長から眺めれば

〈木曽路はすべて山の中である〉

誰もが知っている、島崎藤村『夜明け前』の書き出しである。観光地としての馬籠《まごめ》宿（岐阜県中津川市）の人気はこの作品によるところ大だろう。

小説は馬籠本陣の当主・青山半蔵を主人公に、黒船来航の噂が山深い木曽路に届いたころから、維新前後の激動の時代を経て、半蔵が五六年の生涯を閉じる明治一〇年代までを描く。半蔵のモデルが藤村の父（島崎正樹）であったのはよく知られた事実である。

とはいえ文庫で全四冊の大作だ。読みかけて挫折したっていう人も多いのでないかしらん。いささかイレギュラーながら、読み通すコツは、うしろから、つまり第二部の下巻を先に読んでから、第一巻に戻ること。『夜明け前』は維新後の宿場と半蔵を描いた四冊目がもっともドラマチックで、現代と重なる部分が多いのだ。

参勤交代がなくなり、維新前後の一時的なにぎわいも去って、さびれゆく宿場町。疲弊した地域経済を木材で立て直そうとするも、山林が官有地に組み込まれて狼狽する人々。そこには今日にも通じる中央と地方、国家と国民の齟齬が凝縮されている。

終盤の半蔵は辛い立場に追い込まれる。奇行が目立ち、寺に火を放って自宅の座敷牢に監禁され、最後は狂気の中で死を迎えるのだ（狂気と称される彼の症状は、今日でいうアルツハイマー型認知症に近いように思われるのだが、それはともかく）。

ラストシーンは、「フム、ヨウ」の掛け声で、半蔵の墓を掘る男たちのようすである。〈強い匂いを放つ土中をめがけて佐吉等が鍬を打ち込む度に、その鍬の響が重く勝重のはらわたに徹《こた》えた。一つの音の後には、また他の音が続いた〉

直前には「わたしは、おてんとうさまも見ずに死ぬ」というせりふもあって、維新に希望を託すも、失意のうちに一生を終えた半蔵の悲劇性を際立たせる。ただ、この「音」は夜明け（未来）を拓く槌音にも感じられる。主役は死んでも歴史は続く。勝ち組である薩長土肥ではない、一地方から見た明治維新史として興味深い。

木曽路を旅した後で『夜明け前』を読むと、驚くほど頭に入るから不思議。中山道馬籠宿（岐阜県中津川市）には藤村の生家（＝本書の舞台）がいまも残り、「藤村記念館」として公開されている。

●島崎藤村（しまざき・とうそん　一八七二～一九四三）主な作品は『破戒』『春』『新生』、詩集『若菜集』等。フランス、ドイツ、ロシアの自然主義に影響を受け、主要作では情欲や嫉妬など、人間の自然性が深く洞察されている。近代詩の確立者としても評価が高い。

●出典…新潮文庫など

その香は、「路辺に立ちて眺めやれば」遠き彼方の見えざる丘から風に漂うて来るであろう。

『武士道』（一八九九年）新渡戸稲造

忘れられゆく精神風土

〈武士道《シヴァリー》はその表徴たる桜花と同じく、日本の土地に固有の花である〉

新渡戸稲造『武士道』の有名な書き出しである。もっともこれは、新渡戸の門下生だった経済学者の矢内原忠雄による日本語訳（一九三八年）。

札幌農学校を卒業し、アメリカやドイツに留学した国際派の新渡戸は、ことあるごとに、留学先で、あるいは妻のメアリーに「日本ではどうなの？」「なぜ日本ではああなの？」などと質問された。「われ太平洋の橋とならん」と望んだ新渡戸のことだ。ちゃんと答えなければと思ったのであろう。米国滞在中に英語で『武士道』を執筆した。この本はキリスト教圏の読者に向けた、思想版のニッポンガイドなのである。

というわけなので、『武士道』は必ずしも近世武士道の「正しい概説書」ではない。武士道だけで日本の精神風土を語るのもほんとは無理があるのだが、西洋と東洋の融合を願う新渡戸はあの手この手だ。冒頭の「シヴァリー」とは騎士道のこと。義、勇、仁、礼、誠といった概念を、彼は西洋の哲学や文学を引きながら説明する。そこで強調されるのは、日本的な精神の固有性というよりは普遍性、武士道と西洋の騎士道やキリスト教との共通点だ。

しかし、「武士道の将来」と題された最終章で、彼は〈武士道は一の独立せる倫理の掟《おきて》としては消ゆるかも知れない〉と懸念を表明する。二〇世紀は目前。拝金主義と功利主義がバッコしていた。では彼は「武士道の継承」をあきらめたのか。

〈百世の後その習慣が葬られ、その名さえ忘らるる日到るとも、その香は、「路辺に立ちて眺めやれば」遠き彼方の見えざる丘から風に漂うて来るであろう〉

「路辺に立ちて眺めやれば」とは詩の一節。さらに〈いずこよりか知らねど近き香気に、／感謝の心を旅人は抱き、／歩みを停め、帽を脱りて／空よりの祝福を受ける〉という詩の引用が続いて本は幕を閉じるのだが、半ば「滅びる」と彼はいっているわけである。ただし、形は消えても香は残ると。この不屈の、というか負け惜しみの精神こそ武士道っぽい。

原題は『Bushido, The Soul of Japan』。ちなみに「武士道と云ふは死ぬ事と見付けたり」は近世の鍋島藩士・山本常朝による『葉隠』の一節で、この本とは無関係。

●新渡戸稲造（にとべ・いなぞう　一八六二～一九三三）主な作品は『農業本論』『随想録』等。札幌農学校卒業後、アメリカ、ドイツに留学。東大、京大等で教え、民主主義教育の礎を作る。『武士道』は各国でベストセラーに。国際連盟事務局次長を務め、国際人として活躍。

●出典…岩波文庫など

この山が日本人の眼の前に呈示するところの清純を求めてやまないに違いない。

『日本美の再発見』（一九三九年）ブルーノ・タウト

●日光東照宮より桂離宮だ！

ナチスの手を逃れて来日したドイツの建築家、ブルーノ・タウトは昭和八（一九三三）年から一一年まで日本に滞在し、各地を見て歩いた。『日本美の再発見』（増補改訳版は一九六二年）は彼が残した数本の論文と日記抄とで構成された日本の建築探訪記である。

タウトが桂離宮を絶賛し、日光東照宮を否定したのは有名な話。なにしろ〈日本の建築文化は、桂離宮におけるよりも高揚しえず、また日光におけるよりも低下しえなかった〉とまでいうのである。日本人の美意識に、タウトは大きな影響を与えたといえるだろう。

京都を出発、岐阜から飛驒高山を経由して富山へ抜け、日本海側を北上して、新潟、佐渡、鶴岡、秋田、弘前、青森へ。帰りは太平洋側を経由して、松島、仙台から一路東京へ。それが本書に収録された旅の行程。その過程でタウトが評価するのは白川郷の合掌造りや、秋田の飾らない民家である。半面、ハイカラ趣味のモダン建築などにはたいへん厳しい。

いま思えば、これもまた一種のオリエンタリズムなのだが、伊勢神宮の外宮《げくう》に代表される純粋に日本的な美の価値を説いて日本を去ったタウト。「永遠なるもの」と題された最終章、桂離宮論のラストは、日本を去る日に車窓から見た光景である。〈これこそ日本である、最も明亮な形で表現せられた日本精神である〉とタウトはいう。〈日本にあって、この国土の冠冕ともいうべき富士山を仰ぎ見、また嘆賞する人々は、みずから欲すると否とに論なく、この山が日本人の眼の前に呈示するところの清純を求めてやまないに違いない〉。「冠冕《かんべん》」とは冠の意味。富士の清純な姿を知る日本人ならば、これからの建築物にもおのずとその精神が生かされるだろう、というわけだ。

それから八〇年近くたったいま、本書に登場する建築物のいくつかは広く世界に知られるところとなった。日光東照宮は世界遺産に登録され、同じく世界遺産になった「古都京都の文化財」の中に桂離宮は選ばれなかった。白川郷が世界遺産になったことで一矢報いた形だが、この結果を知ったら、タウト先生は「わかっちょらん」と思っただろうか。

褒められた土地の人は胸をそらし、けなされた土地の人は憤然とする本。私（斎藤）が育った新潟の評価は「日本中で最悪の都会」。新潟市民にはつとに有名な自虐ネタである。

●ブルーノ・タウト（一八八〇～一九三八）主な作品は『日本　タウトの日記』『日本文化私観』等。ドイツの建築家。ドイツ表現派の旗手として多くの著名な集合住宅を建設した。ナチスからの弾圧を避け来日。桂離宮を絶賛し、日本文化を広く世界に紹介した。
●出典…岩波新書（篠田英雄訳）

できるだけはやい機会に、いってみたいとねがっている。

『文明の生態史観』（一九五七年）梅棹忠夫

●日本と欧州は「同質」だった⁉

梅棹忠夫『文明の生態史観』。学生時代に文庫で読んだ私はブッ飛んだ。歴史の常識をくつがえすような仮説が「どうだ！」とばかりに展開されていたからだ。

世界を西洋と東洋に二分するのはナンセンスである、という大胆な議論から話ははじまる。旧世界（ユーラシア大陸を中心とした地域）を大きな楕円にたとえると、歴史的に似ているのはむしろ西の端の西欧と東の端の日本である。ここには近代文明が育っている。一方、その中間に広がる乾燥地帯は四大文明発祥の地だが、近代文明は未成熟である。

こうして世界を第一地域（西欧と日本）と第二地域（それ以外）にバッサリ分けたうえで、著者は西欧と日本の「平行進化説」を唱えるのだ。

うっそー、と思いながらもつい乗せられる巧みな論理。〈日本は、戦争にまけても、依然として高度の文明国である〉という宣言は、年来の西欧コンプレックスと、敗戦のダメージでヘコんでいた日本人に多大な勇気を（あるいは慰撫を）与えたにちがいない。

いまとなっては「トンデモ」に近い説。反論もむろんあっただろうが、「第二地域」へのなじみが薄かった時代とはいえ、大きな論争に発展しなかったのが不思議である。

しかも、読み直してみて改めて驚いた。〈最後に、すこし裏話を〉と断った後の末尾がこれ。

〈わたしが、西ヨーロッパおよび東ヨーロッパを実地にみていないことが、いまのおおきな弱点だ。できるだけはやい機会に、いってみたいとねがっている〉

み、みてなかったのか欧州を……。それでも平気で不敵な仮説を出す。弱点も詰めの甘さも隠さない。挑戦的な内容なのに文章はあくまで下駄履きの気楽さ。ほとんど「オチ」といいたくなるような止め方に、関西アカデミズムの自由な雰囲気が垣間見える。

海外への渡航がままならなかった時代。日本との差によほど驚いたのか、アフガニスタン、パキスタン、インドへの学術調査旅行から戻った直後に『文明の生態史観』は書かれている。梅棹先生の発案による欧州への同様の調査旅行が実現したのはこの一〇年後のことだった。

二〇一〇年に九〇歳で他界した著者が三〇代で発表した論文（初出は「中央公論」）。単行本が出版されたのは六七年。文庫化されたのは七四年だった。

●梅棹忠夫（うめさお・ただお　一九二〇～二〇一〇）主な作品は『知的生産の技術』『地球時代の日本人』『情報の文明学』等。日本における文化人類学の草分け的存在であり、大家。中央アジア・モンゴル、ヨーロッパ等世界中を調査、探検し、独自の文明論を確立した。

●出典…中公文庫など

ここは輝くほど明るい闇の国家である。

『紀州——木の国・根の国物語』（一九七八年）中上健次

●「差別・被差別」へのまなざし

〈紀伊半島を六か月にわたって廻ってみる事にした〉。副題は「木の国・根の国物語」。中上健次が残した唯一のルポルタージュ文学作品『紀州』の書き出しである。

すぐその後の文章は〈半島とはどこでもそうであるように、冷や飯を食わされ、厄介者扱いにされてきたところでもある。理由は簡単である。そこが、まさに半島である故〉。

司馬遼太郎『街道をゆく』を指して〈行政当局が敷いてくれた取材ルートに乗〉り、〈その土地のサワリの部分を、文人気質でサワッてみ〉るだけの旅だと批判する中上。『紀州』の方法論はまったく逆だ。自らの愛車を飛ばし、行く先々でアポなし取材を試み、土地の人々の一代記に耳を傾け、あるいは立ち止まって思索する。

新宮からスタートした旅は、和歌山県、三重県、奈良県の二十数カ所をめぐって、最後は半島の付け根の天王寺で終わるのだが、その間、作家の関心は一貫して「差別・被差別」に向けられる。熊野三社のひとつがある本宮では、古い神社跡の石碑に刻まれた「禁殺生穢悪」の文字に見入る。牛肉で有名な松阪では、有名牛肉料理店の前に屠場を訪れる。みなが参拝する伊勢神宮の森ではなく、その裏にある墓地に心を寄せる。バイオリンの弦などに使う、塩漬けされた馬の尻尾の毛を抜く青年の話など、一度読んだら一生忘れないだろう。

そんな旅の最後に作家は書くのだ。〈紀伊半島で私が視たのは、差別、被差別の豊かさだった。言ってみれば「美しい日本」の奥に入り込み、その日本の意味を考え、美しいという意味を考える事でもあった〉。そして最後に〈ここは輝くほど明るい闇の国家である〉。差別、被差別の豊かさ。輝くほど明るい闇。ええっと、それってどういう意味？

太陽の光がふりそそぐ南紀白浜、深い森に囲まれた熊野古道など、紀伊半島には美しい観光地が多い。だけどその奥には……。かくして私たちは本を閉じた後も、「明るい闇の国家」という形容矛盾について考え続けるハメになる。大名旅行よろしく表層をなでただけの『街道をゆく』からはけっして出てこない表現である。

『街道をゆく』で紀州に関係するのは「堺・紀州街道」（四巻）、「甲賀と伊賀のみち」（七巻）、「熊野・古座街道」（八巻）、「紀ノ川流域」（三二巻）など。読み比べるのも一興だ。

●中上健次（なかがみ・けんじ　一九四六～一九九二）主な作品は『枯木灘』『千年の愉楽』等。肉体労働をする傍ら創作を続け、『岬』で芥川賞受賞。故郷の熊野を舞台に、自らの複雑な血縁関係を主題とした作が多い。さらなる活躍を期待されたが、腎臓癌で死去。

●出典…角川文庫

今は人足《ひとあし》も絶えて久しい野麦峠に、地蔵様だけが笹原《ささはら》にいつもやさしくほほえみ、はかない人の世の歴史を語りかけている。

『あゝ野麦峠――ある製糸工女哀史』（一九六八年）山本茂実

●飛騨と信濃の県境を越えて

〈日本アルプスの中に野麦《のむぎ》峠とよぶ古い峠道がある〉

という一文で、山本茂実『あゝ野麦峠』ははじまる。野麦峠の標高は一六七二メートル。飛騨（岐阜県）と信濃（長野県）の県境に位置する街道きっての難所である。

この峠道を、年の瀬の吹雪の中、谷底に落ちないよう互いの帯と帯をヒモで結びつけて歩く娘たちの一群があった。明治、大正、昭和戦前期まで日本の重要な輸出産業だった生糸。蚕の繭から生糸をとるのは過酷な仕事だった。本書はそんな基幹産業を支えた製糸工女たちの姿を、四〇〇〇人に及ぶ元工女の聞き書きから再現した希代のルポルタージュである。

「ある製糸工女哀史」という副題が示す通り、細井和喜蔵『女工哀史』（一九二五年）が意識されている。が、隙のない『女工哀史』に対し、こちらはむしろ読み物に近い。取材当時六〇～九〇代だった明治生まれの女性たちの生の声に〈野麦峠はダテには越さぬ／一つァー身のため親のため／男軍人女は工女／糸をひくのも国のため〉といった糸引き唄がはさまる。多様な声が響き合うさまはオーラルヒストリー（口述記録）ならではだ。

その喧噪を、冒頭と巻末に置かれた野麦峠の静けさが包み込む。工女たちの宿泊先だった峠の茶屋が栄えたことなどを伝えた後、本は〈その峠の茶屋も「戦艦大和」と共に姿を消し、今は人足《ひとあし》も絶えて久しい野麦峠に、地蔵様だけが笹原《ささはら》にいつもやさしくほほえみ、はかない人の世の歴史を語りかけている〉という一文で幕を閉じる。

こういう本によくある「風景ではじまり風景で終わる」手法だが、細部にご注目。生糸の主たる輸出先はアメリカだった。よって太平洋戦争がはじまると製糸業はすたれ、多くは軍需工場に転用された。だから〈「戦艦大和」と共に姿を消し〉なのだ。

かつての野麦街道は現在は県道として整備され、野麦峠には工女の宿だった「お助け小屋」と関係資料を展示した資料館が建つ。むろん『あゝ野麦峠』の名声ゆえである。ちなみに「野麦」とは笹のこと。「笹原の地蔵様」にも意味はあるのだ。

大竹しのぶ、原田美枝子らが工女を演じた映画（山本薩夫監督・一九七九年）もヒット。「ああ飛騨が見える」という台詞で知られる政井みねの逸話は本書では冒頭近くに登場する。

●山本茂実（やまもと・しげみ　一九一七〜一九九八）主な作品は『生き抜く悩み』『喜作新道——ある北アルプス哀史』等。従軍後、松本青年学校で教鞭をとった。その後、早稲田大学の聴講生となり、雑誌「葦」を創刊。『あゝ野麦峠』はベストセラーに。
●出典…角川文庫

猶雪の奇談《きだん》他事《たじ》の珎説《ちんせつ》こゝに漏《もら》したるも最多《いとおほ》ければ、生産《せいさん》の暇《いとま》ふたゝび編《へん》を嗣《つぐ》べし。

『北越雪譜』（一八四一年）鈴木牧之

●江戸を驚かせたベストセラー

『北越雪譜』は江戸後期、天保年間に出版された二編七冊の随筆である。著者の鈴木牧之は魚沼郡塩沢（現新潟県南魚沼市）で越後縮《ちぢみ》の仲買と質屋を営む無名の一商人だった。天気予報も写真もない時代である。図入りで描かれた雪国の風物は江戸の人々を驚かせ、本書はたちまちベストセラーになった。

実際、〈凡《およそ》天より形《かたち》を為《な》して下《くだ》す物《もの》○雨《あめ》○雪《ゆき》○霰《あられ》○霙《みぞれ》○雹《ひょう》なり〉ではじまるその内容は、雪にまつわる気象学から越後一帯の地理、吹雪や雪崩のこわさ、熊や狐や鹿などを捕る方法、正月や祭の風俗、この地の特産品である越後縮の織り方や鮭の調理法まで多岐にわたる。〈凡日本国中に於て第一雪の深き国は越後なりと古昔《むかし》も今も人のいふ事なり。しかれども越後に於も最《もっとも》雪のふかきこと一丈二丈におよぶは我住魚沼郡《わがすむうをぬまごほり》なり〉と牧之は書く。一年の半分は雪に閉ざされる魚沼。越後には多くの文人墨客が訪れているが、冬の詩歌も紀行文もないのは、みんな〈秋のすゑにいたれば雪をおそれて故郷《ふるさと》へ逃皈《にげかへ》るゆゑ〉。つまり雪に恐れをなした弱虫だからだ、と。逆にいえば、ここにこそ本書が書かれ読まれた理由があった。

最後の項は「鶴恩に報《むく》ゆ」。病気の鶴を助けた男のもとに後日鶴が現れ、丈が六尺（約一八〇センチ）余、一枝に数百粒の実がつく稲を置いていったというめでたい話である。そして少しばかりなごりおしそうな末尾。〈猶雪の奇談《きだん》他事《たじ》の珎説《ちんせつ》こゝに漏《もら》したるも最多《いとおほ》ければ、生産《せいさん》の暇《いとま》ふたゝび編《へん》を嗣《つぐ》べし〉。「生産の暇」ってところが泣かせる。

この一文で予告されているように、牧之は第三編、第四編で春夏秋を書くプランを持っていたらしい。しかし、願いかなわず、翌年七二歳で病没する。結果的に、春のはじめで終わった『北越雪譜』は全編これ雪、雪、雪、雪の書物となった。

インフラが整備された二一世紀になっても、雪の脅威は変わらない。日本列島が大雪に見舞われ、何百台ものクルマが雪に降りこめられて立ち往生するのも現代の〈雪の奇談〉のひとつだろうか。「それみたことか」という牧之の声が聞こえるようだ。

新潟県南魚沼市には現在「鈴木牧之記念館」が建ち、周辺の塩沢宿は「牧之通り」として整備された。遅ればせながらの「北越雪譜」観光。訪れるべき時期は、もちろん冬だ。

●鈴木牧之（すずき・ぼくし　一七七〇～一八四二）主な作品は『苗場山記行』『秋山記行』等。越後国魚沼郡に生まれ、江戸で曲亭馬琴や十返舎一九らの知遇を得て、北国の文化や風土を紹介する作品を多く執筆した。一方で、家業の縮緬仲買商も守り立てた。
●出典…岩波文庫など

その暗号を読みとく仕事が即ち人工雪の研究であるということも出来るのである。

『雪』（一九三八年）中谷宇吉郎

雪は天からの手紙である

雪景色を優雅に愛でていられるのは〈雪の浅き国の楽《たの》しみ〉であって〈我《わが》越後のごとく年毎に幾丈《いくじょう》の雪を視ば何の楽き事かあらん〉。

前に見た『北越雪譜』の一節である。中谷宇吉郎『雪』は「雪と人生」と題された第一章を、『北越雪譜』のこの一節の引用からはじめている。

中谷宇吉郎は寺田寅彦の教えを受け、世界ではじめて人工の雪をつくることに成功した物理学者だ。『北越雪譜』にも雪の結晶の話は出てくるが、岩波新書創刊時の一冊として出版された『雪』はさらにその上を行く。針状結晶、角錐、角柱及び砲弾型、砲弾型組合せ、角板、立体樹枝型、鼓型、十二花などと名付けられ、細かく分類された結晶の形はきわめて多様で驚かされる。みんながイメージする六角形のあの形は結晶のほんの一部にすぎなかったのだ！（ちなみに雪印のマークみたいな六角形のあの結晶は樹枝状平板結晶）。

そんな「結果」もさることながら、この本のおもしろさは、そこにたどりつくまでの「過程」がこと細かに記されている点である。最初は札幌の北海道大学で、次には十勝岳の中腹で雪の顕微鏡写真を撮る。こうして撮りためた写真は、じつに三〇〇〇枚。

はい？　なぜ人工の雪なんかつくるのかって？　スキー場の便宜のためではございません。

雪は上層で大気中の塵《ちり》を核にしてでき、地上に落ちてくる過程でさまざまに変化する。実験室でつくられた人工雪は上層の気象を知るための手がかりなのだ。

その思想は、ぶっきらぼうだけど、どこか詩的な最後の数行に凝縮されている。

〈雪の結晶は、天から送られた手紙であるということが出来る。そしてその中の文句は結晶の形及び模様という暗号で書かれているのである。その暗号を読みとく仕事が即ち人工雪の研究であるということも出来るのである〉

「雪は天から送られた手紙である」という有名な言葉の出典はここ。「手紙」や「暗号」という詩的な言葉が、じつは科学的な実験の結晶だったっていうのがちょっとステキだ。


宇吉郎の故郷・片山津温泉（石川県加賀市）には「中谷宇吉郎　雪の科学館」が、北大には「人工雪誕生の地」という六角形の記念碑が建つ。宇吉郎の墓の台座も六角形だそうだ。

●中谷宇吉郎（なかや・うきちろう　一九〇〇〜一九六二）主な作品は随筆『冬の華』『科学の方法』等。物理学者。寺田寅彦の指導を受け実験物理学の研究に尽力。世界初の人工雪製作に成功した。数々の科学随筆を書き、それらは科学解説書の古典として愛されている。
●出典…岩波文庫

冬の荒涼とした海が烈しく打ち寄せる起伏の多い海岸であった。

『日本奥地紀行』（一八八〇年）イザベラ・バード

北を旅した英国人オバチャン旅行家

〈荒涼たる海原を航海し続けること十八日間で、シティ・オブ・トーキョー号は、昨日の朝早くキング岬（野島崎）に到着し……〉。

イザベラ・バード『日本奥地紀行』の書き出しである。

著者は英国人の女性旅行家。長い航海を経て横浜に降り立ったときには四七歳だった。〈一八七八年（明治十一年）四月に、以前にも健康回復の手段として効き目のあった外国旅行をすることを勧められたので、私は日本を訪れてみようと思った〉という控えめな「はしがき」がついているが、健康回復の手段どころの騒ぎではない。横浜で従者兼通訳の伊藤なる一八歳の少年を雇ったバードは馬で日光へと向かい、そこから北にルートをとって、会津、新潟、米沢、横手、秋田、青森、さらに津軽海峡から北海道に渡る。函館から船で横浜に戻るまで三ヵ月間にわたる大旅行。アイヌ民族の生活ぶりもこと細かに記されている。

都市にはすでに西洋風の建物が建ちはじめていたが、バードが好むのはもっぱら西欧の影響を受けていない「未踏の地」だ。日本人はみな勤勉で礼儀正しいが道徳の水準は低い、宿はどこも優秀だがノミと悪臭はひどいなど、上げたり下げたり、いいたい放題のバード。英語を話す西洋人のおばちゃんが突然現れた各地の人たちはビックリしただろう。

北海道から戻った彼女は関西方面に赴くが、普及版として出版された本書ではその部分はカットされ、日本での最後の日々が記される。横浜港を発ったのは同じ年の一二月だった。〈汽船ヴォルガ号にて、一八七八年クリスマス・イヴ。——雪を戴いた円い富士山頂は、朝日に赤く輝いていた。私たちは十九日に横浜港を出て、ミシシッピー湾（根岸湾）の紫色の森林地帯のはるか上方に富士山が聳え立つのを見たのである。三日後に私は日本の最後の姿を見た——冬の荒涼とした海が烈しく打ち寄せる起伏の多い海岸であった〉

荒涼たる海ではじまり、荒涼たる海で終わる日本の旅。

全文を収めた『イザベラ・バードの日本紀行』（講談社学術文庫）には、この後にごちゃごちゃした日本論がつくのだが、海の描写ですっきり終わる本書のラストのほうが絶対いい。

日本の旅の最後にバードが訪れたのは、なんと東京の桐ヶ谷斎場だった。困難を愉快と感じる女性には、火葬場も荒れた海と同じくらい魅力的に映ったのかもしれない。

●イザベラ・バード（一八三一～一九〇四）主な作品は『ロッキー山脈踏破行』『中国奥地紀行』等。イギリスの旅行家、紀行作家。牧師の家に生まれ、少女時代は病弱だったが療養を兼ねて世界中を旅行。アメリカ、カナダ、日本、朝鮮、中国等の旅行記で著名に。
●出典：平凡社ライブラリーなど

かれは、窓ガラスを通して初夏の樹葉の色を見つめていた。

『関東大震災』（一九七三年）吉村昭

●まさかの予言が的中し……

東日本大震災後、書店には震災関係の旧著が並んだ。大正期の震災を描いた吉村昭のノンフィクション『関東大震災』も、そのようにして再発見された一冊。

本は一九一五年（大正四年）一一月からはじまる。一二日から一七日まで、東京では六五回もの地震が観測された。これは大地震の前兆なのか。市民は騒然となる。

東京帝大地震学教室の主任教授・大森房吉と助教授の今村明恒は、「五〇年以内に大地震が東京を襲う」というかつて今村が発表した説をめぐって対立していたが、やがて今村の予言が的中する。一九二三年（大正一二年）九月一日午前一一時五八分、相模湾を震源とするマグニチュード七・九の烈震が関東一円を襲ったのである。伊豆や房総に押し寄せた津波。多くの焼死者を出した東京下町。避難場所となった公園。流言の拡大と自警団の暴走。大杉栄殺害事件。被災者の証言をまじえて再現される震災の実態は凄絶の一言だ。

被災の状況をたんねんにたどった後、話は再びふたりの地震学者に戻ってくる。

震災時は海外にいて帰国途上の船で倒れた大森は「この度の大震災について、私は重大な責任を感じている」と述べて今村に後を託し、教授となった今村は、精力的な実地調査をして「次の大震災は大阪で起こる可能性がある」と予言する。ところが……。

知り得た情報はいち早く公表すべきだという今村と、パニックをあおるような情報は控えるべきだと考える大森。ふたりの立場は防災とどう向き合うかという、科学者の（あるいは政府や行政関係者の）アンビバレントな思いを代表していよう。

だから今村は苦悩する。翌年五月、復興に向かう東京ではまた地震が頻発していたが、責任ある立場についた今村は、以前のように無邪気ではいられない。〈無力感が、かれの胸にしみ入ってきた。／かれは、窓ガラスを通して初夏の樹葉の色を見つめていた〉。

情報の統制こそが流言につながるという事例が本書には満載だ。ラストに用意された地震学者の無力感。情報はすみやかに開示すべし、が民主主義の原則ではあるのだが。

今村はこの後、私費で地震観測所を設立し、監視を続けた。四四年には東南海地震が、四六年には南海地震が起きたが、戦争中で東南海地震の事実は伏せられたという。

●吉村昭（よしむら・あきら　一九二七～二〇〇六）主な作品は『星への旅』『ふぉん・しいほるとの娘』『破獄』等。学習院大学中退。同人誌「赤絵」の仲間だった作家津村節子と結婚。精力的かつ入念な取材を重ねた記録文学、歴史文学を旺盛に執筆した。
●出典…文春文庫

本書の主題は、〝空気〟を研究して まずその実体をつかむことだからである。

『「空気」の研究』(一九七七年) 山本七平

教育も議論も科学もかなわない

〈「空気」とは何であろうか。それは非常に強固でほぼ絶対的な支配力をもつ「判断の基準」であり、それに抵抗する者を異端として、「抗空気罪」で社会的に葬るほどの力をもつ超能力である〉。山本七平『「空気」の研究』は少し前に流行した言葉「KY」(空気が読めない)の、あの「空気」について考察した本だ。

教育も議論も客観的なデータも科学的な根拠も歯が立たない「空気」とは?

本書で著者があげるのはたとえば海軍の例である。太平洋戦争の末期、戦艦大和を出撃させるか否かの瀬戸際に立った際、これに反対する側は出撃の無謀さを証明する詳細なデータをもっていた。賛成側には何の根拠もなかった。それでも大和は出撃した。当時の軍令部(参謀本部)次長はいった。「全般の空気よりして、当時も今日も(大和の)特攻出撃は当然と思う」。戦後、連合艦隊司令長官は弁明した。「私は当時あゝせざるを得なかった」。

戦後になっても空気は猛威をふるい続ける。ただ、空気の中身はたえず入れ替わる。戦前は「大和魂」、戦後は「民主主義」が空気であった。そして新しい空気の中では、過去は

「私は当時ああせざるを得なかった」という形で必ずうやむやにされるのだ。

国家の意思さえ左右する空気。同調圧力。場の雰囲気。ムード。いかようにも言い換え可能だが、いまも「空気」で説明できそうなことは多い。学校も会社も官庁も。

もちろん非日常性の中で醸成される「空気」に対抗する手段がないわけではない。日常性の側から「水を差す」の「水」である。かくて本書は〈「水＝通常性」の研究〉に突入。「水を差す自由」を「空気」として醸成したリベラリズムの批判に向かう。

問題はしかし、空気から脱して自由な発言を確保するにはどうするか、であろう。本書はそれには答えない。答えず〈本書の主題は、〝空気〟を研究してまずその実体をつかむことだからである〉と逃げてしまうのである。

空気だから「実体をつかむ」だけでも容易じゃないってことなのか。なんとなくこう、騙された気分。「空気」さえ批判してればすむのだって「空気」だし。


われわれを縛る「無言の圧力」を論じた本として、似た印象なのは中根千枝『タテ社会の人間関係』。どちらも論旨の混乱した本だけど、日本人にはやはり重要なテーマなのだろう。

●山本七平（やまもと・しちへい　一九二一～一九九一）主な作品は『日本人とユダヤ人』『ある異常体験者の偏見』等。フィリピンでの捕虜経験がある。自ら書店を経営し、聖書学の出版をする傍ら、評論家としても活躍。日本人論を多く発表した。
●出典…文春文庫

それは、ほかならぬ私たち人間の住む地球そのものに向けられていたのだ。

『沈黙の春』（一九六二年）レイチェル・カーソン

●世界にショックを与えた環境問題の原点

〈アメリカの奥深くわけ入ったところに、ある町があった〉という寓話のような一文から、レイチェル・カーソン『沈黙の春』ははじまる。

町には豊かな田園が広がり、春には野花が、秋には紅葉が人々を楽しませた。鳥がさえずり、川では魚が卵を産んだ。ところが、あるとき異変が起きた。家畜が病死し、人々の間にも死の影が広がった。自然は沈黙した。鳥の声も虫の羽音も聞こえなくなった。

殺虫剤や除草剤などの化学薬品が環境に与える影響を強い調子で告発したこの本が、世界中に大きなショックをもたらしたのは六〇年代。カーソンが特に問題にしたのは、DDTなどの塩化炭化水素系殺虫剤と、パラチオンなどの有機リン酸系殺虫剤だった。それらが水、土壌、植物（農作物）、動物（家畜）などにどんな影響を与えるかを説きつつ彼女は書く。〈化学薬品は、いまや現代の花形なのだ。（略）いまは大丈夫でもあとがこわいと言おうものなら、弱虫の思いすごしと、ののしられるのがおちだ〉

発表から半世紀がたった現在では修正が必要な箇所もあると指摘されている同書だが、環境問題の原点としての価値はいまなお変わらないだろう。〈化学薬品もまた、放射線にまさるとも劣らぬ、おそろしい圧力を遺伝子に加えるのに〉といった一文には、世界中で核実験が行われていた六〇年代という時代の背景もうかがえる。

最終章で〈応用昆虫学者のものの考え方ややり方を見ると、まるで科学の石器時代を思わせる〉と彼女は書く。〈およそ学問とも呼べないような単純な科学の手中に最新の武器があるとは、何とそらおそろしい災難であろうか〉。そしてラストの一撃。

〈おそろしい武器を考え出してはその鋒先《ほこさき》を昆虫に向けていたが、それは、ほかならぬ私たち人間の住む地球そのものに向けられていたのだ〉

「科学の石器時代」という表現が強烈だ。福島第一原発事故後のいま読むとなお強烈。一般論としての警鐘ではなく、科学者批判で本書は閉じられるのである。


農薬の大量散布を再考させた世界的なベストセラー。ベトナム戦争で枯れ葉剤が使用されたのは、この後だった。農薬の毒性に米軍が注目したとしたら、悪魔のような話である。

●レイチェル・カーソン（一九〇七〜一九六四）主な作品は『海辺』『センス・オブ・ワンダー』等。アメリカの作家。大学院修了後、合衆国漁業局で野生生物の研究者として働いた。農薬の危険性を告発した『沈黙の春』が大ヒットし、環境保護運動の端緒ともなった。
●出典…青樹簗一訳、新潮文庫

若い人たちがこの課題に正面から立ち向かってくださることを心から期待して、私の話を終わりたいと思います。

『日本の歴史をよみなおす（全）』（一九九一年）網野善彦

「百姓」は「農民」にあらず

網野善彦『日本の歴史をよみなおす』が出版されたのは、ベルリンの壁が崩壊し、日本では昭和天皇の崩御で元号が平成に変わった後だった。『続・日本の歴史をよみなおす』（一九九六年）と合わせて、時ならぬ「網野史観ブーム」が起きたのも、時代が大きく転換する中で、歴史への関心が高まっていたことが関係しよう。現在出ている文庫版は正編と続編を合わせて一冊にしたものである。

網野史学は学校で習った（稲作中心主義の）日本の歴史とは大きく異なる。聖徳太子は「倭人」であって「日本人」ではない。「百姓」とは「農民」と同義ではなく、漁民、山民、商人、廻船人、職人など、たくさんの「非農業民」を含む概念だった。四方を海で囲まれた日本列島は「孤立した島国」ではなく、海上交通が早くから発達した重商主義的な国だった。年貢も米に限らず、絹、綿、紙、金、鉄、馬、塩など多岐にわたっていた。

自然と人間のかかわり方の中でとらえなければ、歴史の本当の姿は見えてこない。歴史の転換点は一四世紀ごろにあり、その前後で社会のあり方は大きく変わった。そして現代はこの一四、五世紀に匹敵する大きな歴史の転換期にある。そう網野先生はいうのである。一〇代の読者に向けたシリーズ（ちくまプリマーブックス）の一冊だったこともあり、本のラストは若い読者へのメッセージである。

歴史の転換期にあるいま、天皇も含めた「日本」という国家そのものが問われている。平和と自由と平等を実現するために、私たちは何をすべきか。

〈ここで私がのべた日本列島の社会の歴史像などよりも、はるかに深く正確な歴史認識を自らのものとして、若い人たちがこの課題に正面から立ち向かってくださることを心から期待して、私の話を終わりたいと思います〉。続編のむすびもほとんど同じ。〈若い方々が大きな志をもってこの課題にぶつかってくださることを心から期待します〉。

戦後歴史学の常識に逆らった、じつは過激な書。最後の一文もたんなる社交辞令ではなく、後進への万感の思いをこめたアジテーションと受け取るべきだろう。

現在では日本史の教科書にも（「町人と百姓」という程度ではあるが）「百姓」という語が登場する。「百姓」を差別語などと思っているのはもう古い、といっておこう。

●網野善彦（あみの・よしひこ　一九二八〜二〇〇四）主な作品は『日本社会の歴史』『古文書返却の旅』『「日本」とは何か』等。歴史家。東大在学中に学生運動に参加、国民的歴史学運動に携わる。日本史学に民俗学からのアプローチを行い、その発展に貢献した。
●出典…ちくま学芸文庫

日本は、帝国主義的な侵略企図は、けっして名誉に到る道ではないという教訓を（略）証明することであろう。

『菊と刀』（一九四六年）ルース・ベネディクト

「恥の文化」のほんとの意味は？

米国の文化人類学者ルース・ベネディクトは、『菊と刀』で日本の文化を「恥の文化」と呼んだ。――本は読んでいなくても、広く知られた事実である。

たとえば二〇一一年七月八日の衆院本会議で、公明党の佐藤茂樹議員は『菊と刀』が日本文化を「恥の文化」と分析したことを引きながら、「恥知らずな史上最低の首相と烙印を押される前に身を処すべきだ」と当時の菅直人首相に退陣を迫った。首相は「すべての失政を押しつけ、責任を免れようとすることこそ、恥の文化に反する」と反論した。

教養があるように見えるけど、このやりとりは、根本的にまちがっている。ルース・ベネディクトはべつに「恥の文化はすばらしい」といったわけではないからだ。

〈日本人はアメリカがこれまでに国をあげて戦った敵の中で、最も気心の知れない敵であった〉ではじまる本書は、そもそも戦時情報局の命で「不可解な日本人」を研究した書であった。芸術を愛し、菊作りの秘術をもつ半面、刀をあがめ、武士の栄誉を重んじる矛盾。義理、恩、人情などのキーワードを用いて、彼女は「日本文化の型」を分析する。

米国が内面的な善悪の判断にもとづく「罪の文化」なら、日本は外的な強制力にもとづく「恥の文化」である、という話は第十章に登場する。とはいえ、それが本書の主要な主張ってわけでもなく、分量も少ない。むしろ注目すべきはラストである。

〈現在、日本人は、軍国主義を失敗に終わった光明と考えている〉と彼女はいう。今後は世界の動向にかかっている。日本は他国の動静を注視し、軍国主義が失敗でなかったと知れば、再び戦争に情熱を燃やすだろう。しかし〈もし他の国ぐににおいても失敗したということになれば、日本は、帝国主義的な侵略企図は、けっして名誉に到る道ではないという教訓を、いかによく身に体したかということを証明することであろう〉。

他を見て自身の態度を決める日本。外圧に弱い国への皮肉に近い。これが「恥の文化」の実態なのだ。「恥の文化」を口にするなら伝言ゲームにならないように読み直したほうがよろしかろう。でないと、きっと恥をかく。


古典とは読まれずにその名だけが流布する段階に至った著作（船曳建夫『「日本人論」再考』）という評言がピッタリな本。ちなみに「菊」にも天皇の含意はない。

●ルース・ベネディクト（一八八七〜一九四八）主な作品は『文化の型』『人種主義その批判的考察』等。アメリカの文化人類学者。コロンビア大学のフランツ・ボアズのもとで人類学を学び、同大学で教鞭をとった。〝文化とパーソナリティ〟研究の担い手。
●出典：講談社学術文庫（長谷川松治訳）など

早い冬にむかって冷えこむその闇の中を、列車は一路、西へむかって驀進《ばくしん》していた。

『日本沈没』（一九七三年）小松左京

一億人脱出プロジェクトの「その後」

日本各地で火山の噴火や地震が相次ぎ、ついには列島が！

小松左京の『日本沈没』は、最先端の地震の科学を論じる、災害に対する国家の姿勢を問うなど、多角的な読み方ができる小説だ。列島の異変を察知した地球物理学者の田所博士と、深海潜水艇の操艇責任者・小野寺を中心に物語は進行する。国土の危機と一億人を超える日本人を脱出させる極秘プロジェクト。壮大なスケールの大作である。

そのかわり、この小説には私生活の描写がほとんどない。女性の登場人物も極端に少なく、一定の役割が与えられるのは二人だけ。ひとりは富士山の噴火の際に行方不明になった小野寺の恋人・玲子。もうひとりが銀座の新米ホステス・摩耶子である。

ラストシーン。タヒチへ向かう船に小野寺は乗っている。彼はもともとこのプロジェクトを降りて、玲子と逃げるつもりでいたのである。ところが、隣にいるのはなぜか摩耶子だ。重傷で意識が朦朧とする小野寺に、摩耶子は母方の実家がある八丈島の始祖伝説を語ってきかせる。大津波でひとり助かった妊婦が男子を産み、この子と交わることで子孫を増やしていった……という伝説なんだけど。

「日本は見えるか?」「いいえ」「もう沈んだのかな……」。そんな会話に続く衝撃的な最後の一文。〈窓の外には、星一つない漆黒のシベリアの夜があり、早い冬にむかって冷えこむその闇の中を、列車は一路、西へむかって驀進《ばくしん》していた〉。熱にうかされた小野寺が南へ向かう船だと思っていた場所は、実際にはシベリア鉄道の中だったのだ。

この場面は大きなショック(日本列島の死)をやわらげる「救済の物語」といえるだろう。沈みゆく列島と島の創世神話。戦って敗北した男と、明日への希望を語る女。鮮やかな対比を見せながら、南の海からはじまった小説は北の大地で閉じられる。それは楽園を失ったアダムとイブの物語のよう。――と、文学的に解釈してもいいのだが、端役の少女が突然、巫女か母のように存在感を発揮するのはひどく不自然。女の役割は母になること、とでもいいたげ。サイエンスの香りがたちこめる小説の、あまりに神話的なエンディングにやや白ける。


本書が想定した大地震はマグニチュード八・五。しかるに東日本大震災は九・〇。原発事故こそ想定されていないものの、いまとなっては絵空事とは思えない予言的な長編小説。

●小松左京(こまつ・さきょう　一九三一～二〇一一)主な作品は『復活の日』『時間エージェント』『虚無回廊』等。大学卒業後、いくつかの職を経た後、作家となり、日本のＳＦ小説界を牽引した。文明論的なノンフィクション作品も多く執筆。
●出典…小学館文庫

7 家族の行方

夫婦のいさかい、親子の争い、家計の破綻。
どこのおうちも一皮むけば。

どうせ叶わぬことと分っていても、重松は向うの山に目を移してそう占った。

『黒い雨』（一九六六年）井伏鱒二

●被爆した姪、日記を書く叔父

原爆文学のイメージが強い井伏鱒二『黒い雨』の、連載開始時の表題は「姪の結婚」だった。実在する被爆者や医師の日記を再構成する形で書かれた作品である。

物語は〈この数年来、小畠村の閑間《しずま》重松《しげまつ》は姪の矢須子《やすこ》のことで心に負担を感じて来た〉という書き出しではじまる。一九四五年の八月六日に広島にいたために、原爆症ではないかとの噂が立った姪。しかし矢須子は被爆しておらず、原爆投下から五年が経過したいまも健康だ。重松は仲人を納得させようと、自分と矢須子の当時の日記の清書をはじめる。

「黒い雨」とは、原爆投下後に降る大量の放射性物質を含んだ雨のこと。高温の煙硝によって巻き上げられた粉塵がまじっているため、黒い雨となって降りそそぐ。この雨にあたれば、放射線障害がおこる。小説の中でも、その日、爆心地にいなかった矢須子は、じつは郊外で黒い雨を浴びていた。そして彼女の身体にも症状が出はじめる。

日記の中身とそれを清書する現在を行き来しながら進行する小説。〈これで「被爆日記」の清書は完了した。あとは読み返して厚紙の表紙をつければいいのである〉。養魚池のようすを見に行った重松が山の向こうに目をやる場面で物語は幕を閉じる。〈「今、もし、向うの山に虹が出たら奇蹟が起る。白い虹でなくて、五彩の虹が出たら矢須子の病気が治るんだ」／どうせ叶わぬことと分っていても、重松は向うの山に目を移してそう占った〉。いかにも取ってつけたような感慨。情緒的、感傷的にすぎるし、姪の死を予見しているかのような〈どうせ叶わぬことと分っていても〉の一言もちょっとね。

ただ、注意すべきは「黒い雨」との対比がきわだつ「白い虹」だろう。「白い虹」とは終戦の前日、八月一四日に重松が見た光景で、凶事の前兆と説明される。白い虹、五彩の虹、黒い雨。気象現象を色におきかえて、語り手は情緒に訴えるのである。

ともあれ、この作品で「黒い雨」が知られるようになったのは事実である。国が「黒い雨降雨地域」を含めた被爆者の原爆症を認定したのは戦後六〇年以上たってからだった。

作者は人の日記を下敷きにしたこの作品に屈託をもっていたらしい。資料となった重松静馬『重松日記』（筑摩書房）、猪瀬直樹『ピカレスク　太宰治伝』（文春文庫）と併読されたし。

●井伏鱒二（いぶせ・ますじ　一八九八～一九九三）主な作品は『山椒魚』『屋根の上のサワン』『本日休診』等。画家を志していたが、文学好きの兄の勧めや無二の親友の死から、文学に転向。『ジョン万次郎漂流記』で直木賞受賞。井伏と太宰治は師弟関係にあった。

●出典…新潮文庫など

なんぼ寒いとって綿入れを／山へ行くにゃ着せられぬ

『楢山節考』（一九五六年）深沢七郎

姥捨て伝説の背景にあるものは

七〇歳になった者は「楢山まいり」と称して「山へ行く（捨てられる）」風習のある村。深沢七郎『楢山節考』は姥捨て伝説を題材にした小説だ。中心になっているのは、六九歳のおりんが準備万端整えて「山へ行く」までの物語である。

少子高齢化社会のいまとなっては、もはや他人事とは思えない内容だ。「楢山まいり」をむしろ楽しみに待つ気丈なおりん。母を山へやることに抵抗を感じる四五歳の息子夫妻（辰平と玉やん）。そして、祖母の身の上など関係ねえといいたげな二〇歳前の孫とその妻（けさ吉と松やん）。現代の家族も一皮むけば、こんな感じだろう。

美しく死にたいと考えるおりんと対照をなすのが、山行きを拒む又やんである。生に固執する隣家の又やんは、残酷にも実の息子の手で谷に突き落とされるのだが、そのとき谷から黒いカラスの大群が舞い上がる。一方、大願を果たしたおりんの上には白い雪が舞うのである。雪が降れば早く安楽になれる。孝行息子の辰平は、禁を犯し、捨てたばかりの母のもとに戻って叫ばずにいられない。「おっかあ、ふんとに雪が降ったなァ」。

「楢山節」考ってくらいで、この小説はミュージカルでもある。村に伝わる盆踊り歌がたっぷり織り込まれ、それに関する考察が小説の重要な部分をしめるのだ。

小説の止めも歌である。

〈なんぼ寒いとって綿入れを／山へ行くにゃ着せられぬ〉

綿入れなんか着せたら早く死ねないという配慮を歌っているようでありながら、小説ではおりんが置いていった綿入れを孫のけさ吉がもうちゃっかり着ているのである。祖母の「遺産」をあてにしないでは生きられない村の姿がここにはある。なにせ村には〈三十すぎてもおそくはねえぞ／一人ふえれば倍になる〉なんていう晩婚をすすめる歌まであるのだ。

若者は結婚できない。高齢者は捨てる。死ねば雪が祝福する。

『楢山節考』は美しい物語である。しかし、いまは感動したくない。老醜をさらしちゃいかんのかい、と又やんに代わっていいたい。

姥捨て伝説を異化する小説としては、佐藤友哉『デンデラ』（新潮文庫）がおもしろい。捨てられた老婆たちが生き延びてコミューンをつくる異色の長編小説だ。

●深沢七郎（ふかさわ・しちろう　一九一四～一九八七）主な作品は『庶民烈伝』『みちのくの人形たち』『秘戯』等。プロのギター奏者として生計を立てていたが、『楢山節考』が第一回中央公論新人賞を受賞し作家生活に入る。後年は、農業をしながら創作を続けた。
●出典…新潮文庫など

景品の大きな座蒲団は蝶子が毎日使った。

『夫婦善哉』（一九四〇年）織田作之助

まるで上方の世話物浄瑠璃

大阪を代表する作家といえば織田作之助。なかでも『夫婦善哉』はもっとも大阪らしい小説といわれている。物語は〈年中借金取が出はいりした〉という秀逸な一文ではじまるが、これは一銭天ぷら屋を営む両親の話。主人公は彼らの娘の蝶子である。

曽根崎新地の芸者になった蝶子は、大正一二年、化粧品問屋の息子で妻子持ちの柳吉と駆け落ち同然で所帯を持つが、この柳吉ってのがどうしようもない男。ヤトナ（臨時雇いの芸者）でようやく貯めた蝶子の稼ぎは使い果たす、勘当された実家にもカネの無心に行く、剃刀屋、関東煮屋、果物屋と夫婦ではじめた商売も長続きしない。

何日も家をあけたあげく「今ごろは半七さん」なぞと浄瑠璃の一節を語りながら帰ってくる柳吉を蝶子は容赦なくドつき倒すが、いつも最後は許してしまう。

表題の由来は結末近くで判明する。いっしょになって一二年。ふたりは法善寺で「めおとぜんざい」の店に入るのだ。一杯分のぜんざいを多く見せるため二杯の椀に分けて出す「めおと」の由来を話す柳吉に蝶子は応じる。「一人より女夫《めおと》の方が良《え》えいうことでっしゃろ」。

ここで終われば美しい夫婦愛の物語だが、語り手はもう一言オマケをつけた。〈蝶子と柳吉はやがて浄瑠璃に凝り出した〉というのである。そしてラスト。〈柳吉は蝶子の三味線で「太十《たいじゅう》」を語り、二等賞を貰《もら》った。景品の大きな座蒲団は蝶子が毎日使った〉。

夫がもらった座布団を「尻に敷く」のだから妻の勝ち？ 自分の趣味に妻も引きずり込んだ夫の勝ち？「太十」とは浄瑠璃の『絵本太功記』十段目のこと。最後に浄瑠璃が出てくるのはダテではない。ふがいない亭主、しっかり者の嫁、子に甘い親。それは上方人情喜劇の原型であると同時に、近世世話物浄瑠璃の典型的なパターンだからだ。織田作は悲劇的な浄瑠璃を喜劇に変えたわけである。甘いぜんざいとやわらかい座布団で妻を丸め込めると考える夫も夫なら、丸め込まれた（ふりをする？）妻も妻。「犬も食わぬ」というやつだが、そういう言葉でこの種の夫婦関係を容認してきたのが日本の文化だったわけである。

「今ごろは半七さん」は浮気な夫を妻が待つ『艶容 女舞衣《はですがたおんなまいぎぬ》』の一節。『太十』は「これ見たまえ光秀殿」と妻が夫を諭す場面が有名。浄瑠璃の中身も夫婦に重ねられていた？

●織田作之助（おだ・さくのすけ　一九一三〜一九四七）主な作品は『土曜夫人』『アド・バルーン』『競馬』等。第三高等学校時代、同級であった詩人白崎礼三に文学の世界へ導かれる。短編の名手として注目され活躍するも、肺病により三三歳で死去。
●出典…新潮文庫など

「ほんとうに人間はいいものかしら。ほんとうに人間はいいものかしら。」とつぶやきました。

『手袋を買いに』（一九三三年）新美南吉

母性神話をゆるがす童話？

新美南吉は小学校の国語教科書のアイドルだ。小学四年生の定番教材『ごん狐《ぎつね》』はなかでもよく知られた作品だろう。だが、その一方で教科書から消えた作品もある。狐が主役のもうひとつの作品『手袋を買いに』も、もう教科書には載っていない。

〈寒い冬が北方から、狐の親子のすんでいる森へもやってきました〉という一文で物語ははじまる。雪で手が冷たいと訴える子狐。母子は手袋を買いに出かけるが、母は途中でおじけづき、子どもだけを町に行かせるのだ。子狐の片方の手を人間の手に変え、「けっして、こっちの手を出しちゃいけないよ、こっちの方、ほら人間の手の方をさしだすんだよ」といい含めて。

ところが子狐は、あんのじょう、まちがって狐のほうの手を出してしまう。それでも帽子屋はお金（白銅貨）が本物と知って手袋を売ってくれた。「母ちゃん、人間ってちっともこわかないや」と語る子狐。結末の一文は意味深である。

〈お母さん狐は、／「まあ！」とあきれましたが、「ほんとうに人間はいいものかしら。ほ

んとうに人間はいいものかしら。」とつぶやきました〉
かわいいけれど、よく考えると、ツッコミどころの多いお話でもある。なぜ母は両手を人間の手にしてやらなかったのか。手袋は前足と後ろ足の分で四つ必要ではないのか。狐なのになぜ本物の白銅貨を持っていたのか。そして、母はなぜ子どもだけを町に行かせたのか。母親なのに無責任ではないか。ここで気がつく。あ、そーか。だから『手袋を買いに』は教科書から消えたんだ。この母は半ば母親失格なのである。

しかし、「人間ってほんとにこわいものなんだよ」と子どもに言い聞かせていた母親が「ほんとうに人間はいいものかしら」と自問する。それがこの作品の「深い」ところだ。逡巡する母とはむしろ母の自然な姿だし、そんな母を超えて子どもは巣立つ。子狐は母とはちがった経験を経て、つまり自立への第一歩を踏み出したわけである。母性神話を壊す童話。子どもを守りぬく完璧な母より、ずっと人間的（狐だけど）だと思うけど。

二九歳で夭折した南吉の二〇歳のときの作品。『ごん狐』は一八歳のときの作品。救いのない結末の『ごん狐』が教科書の定番教材になっているのも不可解な話ではある。

●新美南吉（にいみ・なんきち　一九一三～一九四三）主な作品は童話集『花のき村と盗人たち』『牛をつないだ椿の木』等。鈴木三重吉、北原白秋に認められ、高女教師として勤める傍ら童謡や小説、詩を創作する。没後、先の童話集二つが出版され、一般に知られた。
●出典…ハルキ文庫『新美南吉童話集』など

自分たちの行末と同じようにたみには見当もつかなかった。

『あ・うん』（一九八一年）向田邦子

親友同士＋妻の微妙な関係

〈門倉修造は風呂を沸かしていた〉。向田邦子『あ・うん』の書き出しである。

門倉修造（四三歳）は軍需景気でうるおう金属会社の社長。水田仙吉（四三歳）は中堅の製薬会社の部長。転勤で高松の支店から東京に戻ってくる水田一家のためにいそいそと風呂を沸かす門倉のうきうきした気分にふたりの関係がよくあらわれていよう。片方が「あ」でもう片方が「うん」。これは一対の狛犬にも似た仲のよい親友同士の物語なのである。

もっとも、そこは大人の世界である。親友同士とはいえ、ふたりの境遇の差に加え、門倉修造が愛人との間に子どもまでもうけた艶福家なら、水田仙吉は年頃の娘もいる愛妻家。口には出さねど門倉と仙吉の妻たみは好き合っているのではないかという疑惑もあり、いわば秘めたる三角関係がこの小説の隠し味になっているわけだ。

そんなふたりの「あ・うんの呼吸」は、しかし、終盤にいたって崩れかける。大げんかの末に「もう絶交だ」となったふたり。やっと仲直りしかけた矢先、仙吉の娘さと子の恋人が「召集令状がきました」と挨拶にくる。玄関で恋人を見送ったさと子に門倉が叫ぶ。

「早く、追っかけてゆきなさい」「今晩は、帰ってこなくてもいい」

ラストは残った大人三人の場面である。たみはタバコの箱の銀紙で玉を作りながら考える。

〈これが飛行機になるのか、鉄砲玉になるのか知らないが、こんなものが本当にお国の役に立つのだろうか。自分たちの行末と同じようにたみには見当もつかなかった〉

ときは日中開戦（一九三七年）の直後。飛行機や弾丸にするとのふれこみで、タバコの箔を貼った玉を作るのが流行っていた。

だが、どうも腑に落ちない。タバコの箔でつくった玉への疑問は、国家批判にも似た、たみの反戦気分の表明だけど、戦争が激化するのはもっと先。若いさと子をはじめ、男ふたりとその一家にも、もっと大きな激動がこの先待っているはずなのだ。寸止めの芸なのか、作家に続編の構想があったのか。「つづく」と入れたくなる結末である。


先にドラマがあって、後に小説化された作品。ドラマでは水田をフランキー堺、門倉を杉浦直樹が演じた。あったかもしれない続編は、作者の飛行機事故死でかなわなくなった。

●向田邦子（むこうだ・くにこ　一九二九〜一九八一）主な作品は『父の詫び状』等。テレビドラマの脚本家として活躍し、『阿修羅のごとく』等のヒットを多数生んだ。その後小説に進み、『花の名前』『犬小屋』『かわうそ』で直木賞を受賞するも、翌年飛行機事故で急逝。
●出典…文春文庫など

ああ、久しぶり、武男さん、一処《いっしょ》に行って、寛々《ゆるゆる》台湾の話でも聞こう！

『不如帰』（一九〇〇年）徳冨蘆花

夫婦なのに純愛、夫婦だけど悲恋

いまや読む人がめっきり減ったとはいえ、なんたって近代日本の元祖メロドラマである。徳冨蘆花『不如帰《ほととぎす》』は明治の大ベストセラーだった。

冒頭で〈上州伊香保千明《ちぎら》の三階の障子開きて、夕景色を眺むる婦人。年は十八九。品好《よ》き丸髷《まげ》に結いて、草色の紐つけし小紋縮緬《ちりめん》の被布《ひふ》を着たり〉と紹介されるのがヒロインの浪子。陸軍中将・片岡毅の娘である。彼女の夫は海軍少尉・川島武男。結婚したばかりのふたりは、新婚旅行で伊香保温泉に来ているのだ。

ところが、浪子はやがて肺結核を患い、武男の航海中に川島家を離縁されてしまう。引き裂かれたふたり。「ああ辛《つら》い！　辛い！　もう――もう婦人《おんな》なんぞに――生れはしませんよ。――あああ！」というせりふを残して死んだ浪子。夫婦なのに純愛。夫婦だけど悲恋。不治の病と家制度にはばまれた、明治ならではのラブストーリーである。

しかし、このラストはどうなのか。出征先から戻り、浪子が眠る青山墓地を訪れた武男の前に浪子の父・片岡中将があらわれ、彼の肩をたたいていうのである。

「武男君《さん》、浪は死んでも、な、わたしはやっぱいあんたの爺《おやじ》じゃ。確《しっ》かい頼んますぞ。――前途遼遠《とお》しじゃ。――ああ、久しぶり、武男さん、一処《いっしょ》に行って、寛々《ゆるゆる》台湾の話でも聞こう！」

なんなの、父と娘婿との妙に和気あいあいとした、この雰囲気は。直前の〈互に手を握りつつ、二人が涙は滴々として墓標の下《もと》に落ちたり〉で終わったほうがメロドラマっぽく決まるのに、と思ってしまう。が、そこは片岡中将も武男も軍人である。ときは日清戦争の頃。富国強兵の時代にいつまでもめそめそしてたら「男がすたる」のだね。

ちなみに国民新聞で『不如帰』の連載がはじまった一八九八年（明治三一年）は明治民法の「親族」の項が公布され、一夫一婦制が制度としてはじめて確立した年だった。

夫婦なのに純愛モードの武男と浪子は、つまり民法に沿ったカップルだった。元祖メロドラマは、国家の方針に意外に忠実なのである。

新派の人気演目になった。「生きたいわ！　千年も万年も生きたいわ！」という浪子のせりふは有名。百版を記念した序文に蘆花自身は「お坊ちゃん小説である」と書いている。

●徳冨蘆花（とくとみ・ろか　一八六八～一九二七）主な作品は『冨士』、随筆『自然と人生』等。徳富蘇峰の弟。蘇峰の経営する「民友社」での下積みを経て『不如帰』『思出の記』を発表、名声を得た。熱心なクリスチャンだった時代があり、トルストイにも傾倒した。

●出典…岩波文庫など

玉井金五郎、五十八歳。／玉井マン、五十四歳。

『花と龍』（一九五三年）火野葦平

●裸一貫から身を起こして

火野葦平といったら日中戦争の従軍記として書かれた兵隊三部作（『麦と兵隊』『土と兵隊』『花と兵隊』）が有名だが、おもしろさでは『花と龍』が勝つ。

福岡県遠賀《おんが》郡若松町（現北九州市若松区）。かつては筑豊から遠賀川で運ばれてきた石炭の一大積み出し港だった町である。広島の山奥から兄を頼って関門海峡をわたった一九歳の谷口マン。四国から裸一貫で北九州にたどりついた二四歳の玉井金五郎。「ゆくゆくは大陸に渡って一旗あげるつもりじゃ」と語る金五郎と「あたしはブラジルで大農場を経営したいわ」という夢をもつマンは、門司港の港湾労働者同士として知り合い、やがて結婚、若松で石炭の積みこみを請け負う玉井組を立ち上げる。博徒や遊俠の気風が強い土地柄に抗し、港湾労働者の生活権をかけて闘う玉井夫婦。一途に金五郎を思いつづける女彫青師のお京なんていう色っぽい女性もからんで飽きさせない。

明治編または青春編とも呼ぶべき第一部（上巻）のラストは〈玉井金五郎、三十五歳。／同マン、三十一歳。／同勝則、九歳〉。大正三年、若松市市制施行祝典の日である。

昭和編または立志編に当たる第二部（下巻）の後の幕切れは、日中戦争がはじまった昭和一二年七月七日だ。金五郎は市会議員となっている。〈このときから、時代はまったく新しい歴史をくりひろげるのである。そのなかに、どんな夢が生まれるか、また、崩れるか、そんなことは、無論、わからない。／玉井金五郎、五十八歳。／玉井マン、五十四歳〉。

玉井金五郎・玉井マンというのは実名で、じつは二人は作者の両親、長男の玉井勝則とは火野葦平の本名である。といっても私小説風の湿っぽさはなく、読み心地はまるでエンターテインメント。「花と龍」とは金五郎の左腕に彫られた彫青の図柄（昇り龍と菊の花）に由来する。五〇歳をすぎた金五郎は、若き日に入れた彫青を恥じていたが、息子はそれに憧れていた。

暗い時代に入る直前の物語。名前と年齢を並べただけのラストには、小細工のないふたりの人生の誇りが（作者の誇りも）刻印されているかのようだ。

映画の歴代主役は、石原裕次郎&浅丘ルリ子（六二年）、中村錦之助&佐久間良子（六五年）、高倉健&星由里子（六九年）、渡哲也&香山美子（七三年）。すごいメンバーだ。

●火野葦平（ひの・あしへい　一九〇七〜一九六〇）主な作品は『麦と兵隊』『陸軍』等。青年期にマルクス、エンゲルスに傾倒し、労働運動に参加。報道班員として日中戦争、太平洋戦争に従軍、『麦と兵隊』『土と兵隊』『花と兵隊』の兵隊三部作や『陸軍』を執筆した。
●出典…岩波現代文庫

こんな人間には、誰もかかりあわないことだ。避けることだ。

『どくろ杯』（一九七一年）金子光晴

破滅的カップルのアジア放浪旅

香港から東南アジアを経由してヨーロッパへ、といえば沢木耕太郎『深夜特急』のルートだが、この種の放浪旅のはしりは金子光晴だろう。

昭和三年、金子は妻の森三千代と上海に旅立ち、東南アジアからパリへと足かけ五年の〈めあても金もなしに、海外をほっつきまわるような、ゆきあたりばったりな旅〉を続けた。『どくろ杯』は後に『ねむれ巴里』『西ひがし』とあわせて三部作となる自伝的旅行記である。

五年の長旅かあ……なぞとうらやましがっている場合ではない。詩人である二人の関係は最初から破滅的だった。詩壇では認められたが定収入のない金子と、女子高等師範の学生だった三千代は恋愛感情のおもむくままに関係をもって「でき婚」をするが、仕事はままならない、生活は困窮する、夫は妻子を置いてほっつき歩く、妻は年下の恋人をつくる。荒れた生活を清算するため、妻の実家に子どもをあずけ、二人は日本を脱出したのだ。

が、日本を出てからも、芸術家くずれの邦人たちと上海で二年近くもウダウダとすごす二人。香港からシンガポールへとわたり、ようやくパリ行きの船に妻が乗るところで本書は終わるが、というのも二人分の船賃がなく、夫が陸路彼女を追うハメになったからで。

そんな自分にあきれつつ、詩人は最後に書くのである。〈七十六歳まで詩を書いているのも、おなじこころかもしれない。こんな人間には、誰もかかりあわないことだ。避けることだ〉

これは自嘲ではなく自負と解釈すべきだろう。書き出しは〈みすみすろくな結果にはならないとわかっていても強行しなければならないなりゆきもあり〉なんだから。詩人なんかになったのも、恋愛のすったもんだも、逃避行さえも、四十余年の月日がすぎればすべて人生の勲章である。それを勲章と感じさせないのが老年に達した著者の余裕の芸。「どくろ杯」とは、友人が蒙古で手に入れたと称する、人の頭蓋骨でつくった杯を指す。かっこ悪い旅行記のかっこよすぎる結び。ラストだけ読むと、まるでハードボイルドだ。

同じ旅に取材した金子作品『マレー蘭印紀行』（一九四〇年）も有名。こちらは旅の記憶が生々しいうちに書かれたせいか、若さがはじける散文詩風の作品だ。

●金子光晴（かねこ・みつはる　一八九五〜一九七五）主な作品は詩集『こがね蟲』『蛾』『人間の悲劇』等。妻は作家の森三千代。早稲田大学、東京美術学校、慶應義塾大学を全て中退。長くヨーロッパを放浪。軍国主義に対する反骨精神に貫かれた詩作が注目を集めた。
●出典…中公文庫

ノラやノラや、お前はもう帰つて来ないのか。

『ノラや』（一九五七年）内田百閒

猫のことしか考えられない！

内田百閒、またの名を百鬼園先生のイメージは、借金（『大貧帳』）と汽車（『阿房列車』）と猫である。なかでも『ノラや』は猫文学史に燦然と輝く一冊だ。

〈猫のノラがお勝手の廊下の板敷と茶の間の境目に来て坐つてゐる〉という一文で『ノラや』ははじまる。〈ノラと云ふ名前はイプセンの「人形の家」の「ノラ」から取ったのではない。それなら女であるが、うちのノラは雄で野良猫の子だからノラと云ふ〉。

生の小あじとお値段高めの牛乳を常食とするノラ。出前の寿司の卵焼きが大好きで、向かいの靴屋の藤猫とはお友達である。内田夫妻はそんなノラを文字通り猫っかわいがりしていたが、そのノラがある日失踪してしまうのだ。

ある日とは三月二七日。猫のことで頭がいっぱいになった百閒はそれから五月一一日までの間、一日も欠かさず日記をつける。内容はすべてノラのこと。ノラを案じて泣き暮らし、近所の人や知人を巻き込み、迷い猫を尋ねる新聞の折り込み広告を何千枚も印刷し……。それでもノラは帰ってこない。最後にいたり、作家はとうとう猫本人に問いかける。

〈ノラや、お前は三月二十七日の昼間、木賊《とくさ》の繁みを抜けてどこへ行ってしまったのだ。それから後は風の音がしても雨垂れが落ちてもお前が帰ったかと思ひ、今日は帰るか、今帰るかと待ったが、ノラやノラや、お前はもう帰って来ないのか〉

『ノラや』は一応ここで終わるが、随筆は『ノラやノラや』『ノラに降る村しぐれ』『ノラ未だ帰らず』と続き、一三年後の『「ノラや」』で作家はまだその頃のことを書くのである。〈昨夜ノラが帰って来なかったと思った途端、全然予期しなかった嗚咽《おえつ》がこみ上げ、忽ち自分の意識しない号泣となり、涙は滂沱《ぼうだ》として流れ出して枕を濡らした〉と。

猫だからこそ可能になり、猫だからこそ許された、めろめろの文章。百閒は後に読み返すのがつらくて推敲も校正もしなかったと述べているが、それでも「木賊の繁みを抜けて」以下、なんとはなしに名文になっているのがすごい。

ノラは結局帰ってこず、百閒はこの後、クルツ（略してクル）という名の猫を飼うが、六年後にはクルも病死する。これを読んで泣ける人は真性の猫好きである。要注意。

●内田百閒（うちだ・ひゃっけん　一八八九〜一九七一）主な作品は『冥途』『旅順入城式』『特別阿房列車』等。東大在学中に漱石門下に入り、芥川龍之介らと親しむ。陸軍士官学校や法政大学等でドイツ語を教えた後、文筆業に専念。独特な諧謔に富んだ文章を得意とした。

●出典…中公文庫など

山岸を追出すのだ。いや、その前にみちよを……

『抱擁家族』（一九六五年）小島信夫

家族が壊れた原因は何？

小島信夫『抱擁家族』はリアルな会話に背中から汗が吹き出すような小説だ。主人公の三輪俊介は四五歳。翻訳業のかたわら大学で教鞭もとる人物である。妻の時子は二歳年上。二人の間には高校生の息子と中学生の娘がいる。そんな平穏な家庭に立った波風の発端は、家政婦のみちよの一言だった。「だんなさま、奥さまがジョージと……」。

ジョージというのは三輪家に出入りしている若い米兵だが、俊介の留守中、時子と関係をもったというのである。俊介はパニックにおちいり、ねちねちと妻を問いつめるが、「私はそのうち話すつもりでいたのよ」「おねがいだから、そうわめかないでよ」とあしらわれ、わだかまりを抱えたまま引きさがらざるを得ない。せめて気分を変えようと、夫婦は家を売って郊外の新居に引っ越すが、とき同じくして時子の乳がんが見つかり……。

古きよき日本の家族が、米兵に象徴されるアメリカ的な価値観によって壊されていく。その過程を描いた作品といわれるが、この家の疫病神は米兵ではなく家政婦だ。ジョージを連れてきたのもみちよ。俊介にご注進におよんだのもみちよ。〈三輪俊介はいつものように思った。家政婦のみちよが来るようになってからこの家は汚れはじめた、と〉という書き出しにも、みちよの名は刻印されていた。「家の汚れ」を背負ったみちよは、ラストでも立ちはだかる。時子の死後、彼らの家には家族以外の者たちが同居するようになっていた。目をさますと、なぜかみちよがそこにいた。「だんなさま、坊っちゃまは、家出なさいましたよ」。あわてふためく俊介は、バタバタと走り回る。〈俊介は外へ出ると、坂を走っておりた。彼の家の犬が吠えだした。山岸を追出すのだ。いや、その前にみちよを……〉。「僕はこの家の主人だし、僕は一種の責任者だからな」とうそぶきつつ、家族崩壊の原因が自分にあるとは考えない家長。この作品が文壇に衝撃を与えたのは、当時の文学者がみな多少なりとも「俊介」だったからじゃないんだろうか。

それにしても、このラスト。「その前にみちよを殺《や》る」と読めませんか。「……」の効果抜群。このまま二時間ドラマがはじまりそうだ。

江藤淳『成熟と喪失』ほかでたびたび批評されてきたプロ好みの作品。いま読むとアメリカの影より俊介の滑稽さが際立つ。この頃から家長の権威は失墜したのかも。

●小島信夫（こじま・のぶお　一九一五～二〇〇六）主な作品は『アメリカン・スクール』『別れる理由』『うるわしき日々』等。小石川高校等で英語を教えた後に文壇デビュー、「第三の新人」として注目された。定年まで明治大学で教鞭をとりながら創作を続けた。
●出典…講談社文芸文庫

彼は忽《にわか》に怖れたように内儀さんを顧《ふりかえ》ってじゃらりとその銭を財布の底に落した。

『土』（一九一二年）長塚節

●妻を亡くした貧農一家の悲惨

〈余の娘が年頃になって、音楽会がどうだの、帝国座がどうだのと云い募る時分になったら、余は是非この『土』を読ましたいと思っている〉。長塚節『土』に序文を寄せた夏目漱石が、そう評したのは有名な話である。漱石はしかし、こうも述べる。〈面白いから読めというのではない。苦しいから読めというのだ〉。あとは推して知るべし。

〈烈しい西風が目に見えぬ大きな塊をごうっと打ちつけては又ごうっと打ちつけて皆痩《やせ》こけた落葉木の林を一日苛《いじ》め通した〉という冒頭に続き、小説はお品という女性の暮らしからはじまる。明治後半、茨城県の鬼怒川に面した村。お品は貧農の勘次の妻である。夫妻には一五歳になる娘と幼い息子がいるが、小作農の暮らしはきびしく、勘次は利根川の工事の出稼ぎに行き、妻のお品は豆腐やこんにゃくの行商に出る。しかし身ごもった子を堕胎した後、お品は感染症で死に、盗癖のある勘次は近所の畑や林で盗みをはたらくようになる。五、六年後、お品の養父を引き取るが、この老舅・卯平との仲がまたうまくいかない。

ほんの序盤だけでこのありさまだ。というか、どこまでいっても救いがないのがこの小説で、終盤にいたり、一家はさらに大きな災厄にみまわれる。近隣を巻きこむ火事を出し、自らも家を失い、卯平は大火傷をする。焼けぼっくいで建てた小屋で寒さをしのぎつつ、勘次はとうとう地主の家に借金をしにいく。地主の家のおかみさんは話のわかる人物だが、とはいえ地主の家も焼けたのだ。「わしもこれ、罰当ったんでがしょう」。うなだれる勘次におかみさんは追及する気も失い、わずかな銀貨を出す。〈彼は心づいた時俄《にわか》に怖れたように内儀さんを顧《ふりかえ》ってじゃらりとその銭を財布の底に落した〉。

ここで小説は終わる。勘次の心配はざっと見積もっても三つある。当座の生活。地主の家を焼いたこと。焼け跡で拾った卯平の銭をネコババしたこと。だから「怖れたよう」な態度をとってしまうのだが、どうです、この卑屈さ。そもそもはお品の死からはじまった不幸の連鎖。日本の近代文学史上、唯一に近い貧農小説は、うっかり涙するヒマも与えない。

会話もすべて常総弁。長塚節は茨城県の豪農の生まれで、勘次のような貧農の出ではなかったが、このスーパーリアリズムは写生文の修業で養われた観察眼の賜かもしれない。

●長塚節（ながつか・たかし　一八七九〜一九一五）主な作品は『芋掘り』『開業医』、歌集『鍼の如く』等。正岡子規門下で作歌に励み、同人誌「ホトトギス」で小説も発表。日本の農民文学を確立したといわれる『土』は夏目漱石からも高く評価された。結核により夭折。
●出典…新潮文庫

また吹雪になるのかも知れない。

『氷点』（一九六五年）三浦綾子

三歳になる娘が殺され、容疑者は留置場で首を吊った。娘を殺された病院長の辻口は容疑者の娘を養女にするが、それは若い医師と密会していた妻への復讐心からだった。三浦綾子『氷点』は懸賞小説の当選作として朝日新聞に連載された、昭和のベストセラーである。

物語の舞台は北海道旭川市。養女の陽子が娘を殺した容疑者の娘と後に知った院長の妻・夏枝は陽子になにかとつらく当たり、妹を守れるのは自分だけだと考えた長男の徹はやがて陽子への思慕をつのらせる。韓流ドラマもかくやのメロドラマである。

●悪天候は不吉の予兆

この作品の大衆受けしそうな「わかりやすさ」は、ここぞ、という場面の背景描写にあらわれている。〈風は全くない。東の空に入道雲が、高く陽《ひ》に輝やいて……〉という一文ではじまった小説は、松林の影が〈くろぐろと不気味に息づいて見える〉というすぐ後の文章で早くも暗い影をおび、事実、この日に娘のルリ子は殺されるのだ。夫妻が陽子を引きとりに行ったのは〈風がさーっと埃《ほこり》をまきあげて〉吹く風の日だし、自分が実子ではないと陽子が知った日は〈夜半からの吹雪がいよいよ荒れくるっていた〉。「ルリ子を殺したのはあなたの父親だ」と夏枝が陽子にぶちまけようと決心した日も外は吹雪で〈ガラス戸が止む間もなくガタガタと鳴っていた〉。不吉な展開は不穏な天候とみごとに連動するのである。

それじゃ気になる結びの一文は？〈ガラス戸ががたがたと鳴った。気がつくと、林が風に鳴っている。また吹雪になるのかも知れない〉。

またまたガラス戸、またまた不吉な予感である。さよう、『氷点』は問題を山積みにしたまま、陽子が自殺を図り、生死のさかいをさまようところで終わるのだ。そして思わせぶりな予告通り、物語は『続氷点』に引きつがれ、成長した陽子はさらなる波乱に巻きこまれる。人間の原罪を描いているなどといわれる『氷点』だけど、要は吹雪、吹雪、また吹雪という波瀾万丈の物語。不吉な場面で急に窓の外が暗くなり、雷が鳴って稲妻が光るテレビドラマのごとし。続編のラスト？　それはもう天候回復後の美しい感動的な光景が待っています。

『続氷点』は北海道大学の学生になった陽子の出生の秘密（ほんとに殺人犯の娘だったのか）などを中心に展開。ラストシーンは陽子が見る真紅に染まった流氷だ。

●三浦綾子（みうら・あやこ　一九二二〜一九九九）主な作品は『積木の宿』『塩狩峠』『泥流地帯』等。終戦後、七年間勤めた教職を辞職。結核を患い闘病生活に入る。『氷点』はテレビドラマや映画化もされ大ヒットした。キリスト教信仰に根ざした作品を多く発表。
●出典…角川文庫など

この憐《あわ》れな親子は（略）紅塵《こうじん》の中に大手を振って歩いていた。

『杏っ子』（一九五七年）室生犀星

●「親バカな父」と「出戻った娘」の父娘密着

〈小説家の平山平四郎は、自分の血統についてはくわしい事は何一つ知っていない〉

室生犀星が晩年に残した自伝的長編小説『杏っ子』の書き出しである。

犀星がモデルとおぼしき平四郎は婚外子として生まれ、すぐに他家に養子に出され、継母に虐待されて育った。けっして幸福とはいえない幼少時代である。とはいえ、ここまではあくまで導入部。物語は平四郎が文学者として成功するまでの時間を軽く飛びこし、第二章「誕生」以降は長女の杏子《きょうこ》を中心に展開するのである。

とりわけ語り手が生き生きするのは、杏子の結婚後である。杏子の夫の亮吉は作家志望の食えない男で、義父の平四郎を敵視しながら小説を書き続けるものの、まるで芽が出ず、酒におぼれて暴力をふるいだす。父の威を借る杏子も杏子で、夫婦の間にはいさかいがたえず、ついに四年後、結婚は破綻する。ラストは家に戻った娘と父の会話である。

「ずっとこれからたべさせていただくのよ」と語る娘に父は命じる。「きょうから君はおれの相棒だ、先《ま》ずスーツを一着作れ」「はい、作ります」「映画、演劇、お茶、何でもござれ、四年間の分をみんな遊べ、おれと出掛けろ」「お伴《とも》をいたします」。なんでしょうね、これ。若い秘書か恋人を得たかのような父。それを嬉々として受け止める娘。「男なんかいないと、さばさばするわ、生れ変ったみたいね」と杏子はいう。〈この憐《あわ》れな親子はくるまに乗り、くるまを降りて、街に出て街に入り、半分微笑《わら》いかけてまた笑わず、紅塵《こうじん》の中に大手を振って歩いていた〉

紅塵とは都会の塵、ひいては俗世間の意味。不遇な生い立ちの父と結婚にやぶれた娘はたしかに「憐れな親子」かもしれないが、最後に炸裂する父娘密着ぶりはどうだろう。〈ふるさとは遠きにありて思ふもの〉とは犀星の有名な詩の一節だが、杏子にとっての実家は「遠きにありて」ではなかった。というか父は娘にぜひとも「近くにあって」ほしかったのだろう。リズミカルな最後の一文は、詩的だが浮かれている。娘を奪還した父の得意げな顔が目に浮かぶようである。

杏子のモデルとなった室生朝子(一九二三〜二〇〇二)は父の没後にエッセイストとなり、犀星の業績を伝える年譜や作品を残した。優秀な「父の娘」だったのはまちがいない。

●室生犀星(むろう・さいせい 一八八九〜一九六二)主な作品は『性に目覚める頃』『あにいもうと』、詩集『抒情小曲集』等。出生の事情で、貧しい寺の養子となる。一二歳で働きに出ながら創作を重ね、萩原朔太郎や芥川龍之介らと交流。詩と文学両方で名を残した。
●出典…新潮文庫

（ふと希望がわいてきて）奇跡中の奇跡——?!

『人形の家』（一八七九年）イプセン

●世界一男女平等な国の前史

明治末期の日本では女性解放思想はイプセニズムと呼ばれていた。『人形の家』はノルウェーの劇作家イプセンの三幕仕立ての戯曲である。

弁護士のヘルメルと妻のノーラを中心に物語は展開する。結婚八年。三人の子どももいる夫婦である。銀行の頭取になったヘルメルは有頂天だったが、ノーラは夫に隠しごとがあった。かつて夫が病に倒れたときに多額の借金をして、その借用書に小さな偽造をしたのである。そのことで夫の部下にゆすられたノーラは、夫の窮地を救った誇りを胸にひめつつ話し合おうとするが、夫は取り合わない。妻を「かわいいノーラ」「ヒバリ」と呼び、抱きしめ、甘やかしたがるのみ。この作品でいう「人形」とは、夫の意のままに動く操り人形でも、きれいなだけの飾り物でもなく、子どものオモチャの「赤ちゃん人形」のことなのだ。

少女ブリッ子に飽きていた妻はすべてを打ち明け、夫の反応に賭ける。しかし、奇跡は起こらなかった。自分の地位が危うくなると知るや、突然妻をののしりだした夫。

妻は人形の仮面をぬぐ。「あなたは一度も、あたしをわかってくださらなかった」「あたしを愛していたんじゃないわ。ただかわいいとか何とか言って、面白がっていただけよ」。

　そして有名なラストシーン。なだめたりスカしたりオドしたりする夫に「さようなら」と告げて妻は出て行く。夫は叫ぶ。「ノーラ！　ノーラ！　いない。行ってしまった」。

　ここで終わりと思いきや、ヘルメルには最後にもう一言、せりふが与えられていた。

〈「（ふと希望がわいてきて）奇跡中の奇跡――?!」〉

　この部分は二人がやり直せるのは「奇跡中の奇跡」が起きたときだけだ、というノーラのせりふに対応する。では彼は「奇跡」の意味を理解したのか。ただのトンマな独白なのか。女性の自立ではなく人間の尊厳を描いているのだ、とかいう人もいるけれど、ここは素直にジェンダーの葛藤劇と受け取りたい。最後のせりふを考えると、彼は妻を追っていきそうな勢いだ。ヘルメルは何もわかっていないのである。わかっていたら、絶望で終わるはずだもの。ノルウェーは世界トップクラスの男女平等な国。その前史と思うと感慨深い。


毎年発表される「男女平等（ジェンダー・ギャップ）指数」ランキングでは、ノルウェーは常にトップ3圏内（日本は常に一〇〇位近辺）。後世のヘルメルたちが反省した結果だろう。

●ヘンリック・イプセン（一八二八〜一九〇六）主な作品は『ブラン』『ペール・ギュント』等。ノルウェーの劇作家。家が没落し、幼少時は貧しい生活を送るが、劇作家となり世界的名声を得た。近代演劇の父といわれ、日本の自然主義文学勃興にも影響を及ぼした。
●出典…岩波文庫（原千代海訳）

「僕たち二人は――僕たちは、何も恐れる必要がないんだ」

『大地』（一九三五年）パール・バック

舞台は中国、結末はアメリカン

貧農から地主にまで成り上がった一代目（第一部「大地」）。父が残した財産を元手にそれぞれ勝手な生き方を選ぶ二代目世代（第二部「息子たち」）。軍人として出世した父への反発から自由な道を求める三代目（第三部「分裂せる家」）。

パール・バック『大地』は、辛亥革命（一九一一〜一二年）前後の中国を舞台に、三代にわたる一族を描いた、ザ・大河ロマンである。長い小説だが、難解なところは何もない。

主役三代の女性との関係も、時代を映している。第一部の主人公・王龍《ワンロン》は貧しさゆえに嫁をもらえず、地主の黄《ホワン》家の女奴隷だった阿蘭《アーラン》をもらい受けて結婚した。器量は悪いが働き者の妻のおかげで財をなしたくせに、この男は強権的で、第二夫人にウツツをぬかす。第二部の主人公である三男の王虎《ワンフー》は父に反発、家を出て武将となるが、好きな女を父に奪われたことで女嫌いとなり、女よりも子が欲しいと一度に二人の妻をめとる。

粗野な祖父、血の気の多い父にくらべ、第三部の主人公・王淵《ワンユアン》はぐっと軟弱な草食系である。戦争は嫌い。農業が好き。革命党員だと密告されて逮捕されたり、アメリカに逃亡したり、帰国後は革命軍に入れといとこに誘われたりするものの、悩んでばかりいる。そんな淵の前にあらわれたのは、美人で清楚で医師を志す女性・美齢《メイリン》だった。

第一部が寓話風、第二部が活劇風なら、第三部は悩める青年が主役の青春小説風ですかね。その証拠（？）に、ラストはなんとキスシーンである。

「今、僕がしたのは外国の習慣です。あなたが、いやなら――」と言い訳する淵を美齢はさえぎる。「外国の習慣でも、悪いことばかりじゃありませんわ！」。

やったぁ、と舞い上がる淵。あとはテンション上がりまくりである。

〈いったい、さっき、おれは何を恐れていたのだろう？／「僕たち二人は」と彼は言った。「僕たち二人は――僕たちは、何も恐れる必要がないんだ」〉

将来に対する淵の不安は、この一件で氷解するのだ。恋愛ブラボー、大地（農業）ブラボーなエンディング。舞台は中国だが、結末はどこまでもアメリカンだ。

文庫本で全四冊の大著。長いあいだ日本の中高生の必読図書だったのは、この健康的で前向きな結末ゆえだったのかもしれない。

●パール・バック（一八九二～一九七三）主な作品は『戦う天使』『母の肖像』等。アメリカの作家。宣教師の両親と共に中国へ渡り、長く生活した。『大地』でピューリッツァー賞受賞後は人気作家となり、一九三八年にノーベル文学賞を受賞。平和運動にも尽力。
●出典…新潮文庫（新居格訳、中野好夫補訳）

こんな静かな大地の下に休む人の眠りが安らかでないかもしれないなどと、誰が考えつくだろう、と思うのだった。

『嵐が丘』（一八四七年）エミリー・ブロンテ

完結していない復讐劇

復讐劇にもいろいろあるが、最強の一冊は、やはりエミリー・ブロンテ『嵐が丘』だろう。ヒンドリーとキャサリンという兄妹がいるアーンショー家に、父が孤児のヒースクリフを連れてきた。この三人の確執が発端となってはじまる日々は、ほとんど地獄に等しい。子どもの頃からヒースクリフに敵意を抱いていたヒンドリー。野性的なヒースクリフにひかれながらも、隣家のエドガーと結婚するキャサリン。兄妹への復讐を誓ったヒースクリフは、やがて嵐が丘周辺の土地を奪い取り、アーンショー家を支配する側にまわるのだ。

『嵐が丘』は特異な語りの構造をもつ小説としても知られている。語り手の「ぼく」ことロックウッドは家の借り手としてヒースクリフと会い、その奇異な雰囲気に驚いて、彼らを間近に見てきた家政婦のネリーから一家の過去を聞くのである。

いってみれば週刊誌の取材記事みたいな構造。ネリーの話を聞き終わった「ぼく」がヒースクリフの突然の死を知り、その墓を訪ねるところで、小説は終わる。キャサリンとその夫のエドガーとヒースクリフの墓。三つ並んだ墓のまわりを彼は歩く。

〈穏やかな空のもと、ぼくは墓のまわりを歩きながら、ヒースや釣鐘草の間を飛ぶ蛾を眺め、草にそよ吹くかすかな風に耳をすませた。そして、こんな静かな大地の下に休む人の眠りが安らかでないかもしれないなどと、誰が考えつくだろう、と思うのだった〉

映像作品だったらきれいな音楽とともにエンドロールが流れそうな場面である。

でも、よく考えるとこれで「完了」とはいえないのだ。『嵐が丘』が最強の復讐劇である理由は、ヒースクリフの復讐が一代で終わらず、次の世代に引き継がれていることで、娘や息子世代（キャサリンの娘で母と同じ名のキャサリン。ヒンドリーの息子のヘアトン。ヒースクリフの息子の亡きリントン）のドラマはまだ進行中。だから彼らは「安らかに眠れない」。ヒースクリフ（ヒースの崖）という名の由来にもなったヒースは、このへんの荒れ地に茂る植物の総称だそう。穏やかな空とそよ風で終わるのが、かえって不気味だ。

嵐が丘（ワザリング・ハイツ）とは丘の名ではなく屋敷の名前。嵐荘とか暴風亭といったところだが、いまや嵐が丘（英文学者の斎藤勇による訳語だそう）以上の名訳は考えられない。

●エミリー・ブロンテ（一八一八～一八四八）イギリスの作家。ブロンテ姉妹の次女。『嵐が丘』が唯一の小説。姉シャーロットの『ジェーン・エア』が大ヒットしたのを機に『嵐が丘』も出版されたが注目されず、没後にやっと作品評価が高まった。三〇歳で夭折。
●出典…岩波文庫（河島弘美訳）

コーリャがもういちど感激して叫ぶと、少年たちはみな、ふたたびその叫びに声を合わせた。

『カラマーゾフの兄弟』（一八八〇年）ドストエフスキー

●プロローグみたいなラストシーン

ドストエフスキー『カラマーゾフの兄弟』。二〇〇七年に亀山郁夫の新訳（光文社古典新訳文庫）が出て人気が再燃した巨編である。豪放磊落《らいらく》な長男ドミートリー。ニヒルな無神論者の次男イワン。敬虔《けいけん》な修道僧の三男アリョーシャ。ここに婚外子のスメルジャコフらが加わり、父フョードルを殺したのは誰かを中心に物語は展開する。

文庫で全四～五冊の大作である。父殺しの嫌疑をかけられ、ドミートリーがシベリア送りになるまでのいきさつ。彼をめぐる二人の女性、カテリーナとグルーシェニカ。イワンがアリョーシャに語ってきかせる「大審問官」の章。こみいった物語に加え、こみいった議論が百出する分、読後の達成感は大きい。しかし、謎が謎を呼ぶのもこの小説。神学論争好きの人は「大審問官」のことばっかりいうけれど、エピローグも謎めいている。

そこはイリューシャという少年の葬儀の場。友人の死を嘆く少年たちに「みんな、ぼくらはまもなく別れ別れになります」とアリョーシャは語りだす。ぼくの長兄は流刑地に向かい、次兄は死の床にある。ぼくも近く町を出るつもりだ。でも今日、イリューシャのために心をひとつにして集まったことは忘れないでいよう。

少年たちは感激し、イリューシャへの賛辞は社会主義者を自称する小生意気な少年コーリャのひと声でアリョーシャへの賞賛に変わる。〈「永遠に、死ぬまで、こうして手をとりあって生きていきましょう！　カラマーゾフ万歳！」／コーリャがもういちど感激して叫ぶと、少年たちはみな、ふたたびその叫びに声を合わせた〉。

ラストに相応しい高揚した場面だが「カラマーゾフ万歳！」の唐突感は否めない。突如演説をはじめるアリョーシャと彼を崇拝する少年たちは、まるで新宗教の教祖と信者、でなきゃ政治結社のリーダーとメンバーだ。善良なアリョーシャはいつこんなカリスマ性を身につけたのか。兄たちの重圧がとれた解放感から？　年下の崇拝者を得た自信から？　もしそうなら三男の屈折は相当深かったことになるし、この決起集会は後に彼らが何かをしでかすことを予感させる。結末にしこまれたアリョーシャの変容。どうみてもプロローグだ！

『カラ兄』は未完の大作。訳者の亀山は、巻頭の「著者より」がアリョーシャとコーリャらが暗躍する「第二の小説」の序章だと述べ、自身は二〇一五年、『新カラマーゾフの兄弟』を発表した。

●フョードル・ミハイロヴィチ・ドストエフスキー（一八二一～一八八一）主な作品は『罪と罰』『白痴』等。ロシアの作家。処女作『貧しき人びと』が絶賛されるも、官憲に逮捕されシベリア流刑に。出獄後は精力的に執筆し、その後の文学に多大な影響を及ぼす。
●出典…光文社古典新訳文庫（亀山郁夫訳）

（龍子は）せかせかと、力まかせに、ぐるぐると把手《とって》をまわして茶がらをひきはじめた……。

『楡家の人びと』（一九六四年）北杜夫

一家の大黒柱は気丈な長女

一時期の「どくとるマンボウ」シリーズの人気はそりゃすごいものだった。しかし、北杜夫の代表作はやっぱり『楡家の人びと』だろう。

東京青山に立つ精神科の楡《にれ》病院（帝国脳病院）。〈楡病院の裏手にある賄場《まかないば》は昼餉《ひるげ》の支度に大童《おおわらわ》であった。二斗炊きの大釜が四つ並んでいたが、百人に近い家族職員、三百三十人に余る患者たちの食事を用意しなければならなかったからである〉という書き出しからも、その偉容がうかがえよう。山形から上京し一代でこの大病院を築き上げた楡基一郎とその娘世代を中心に、物語は大正昭和の家族の歴史を描く。

父の遺志を継いで一家を仕切る長女・龍子。父にそむいた恋愛結婚に走る次女・聖子。一度は意に染まぬ結婚をするが後に別の人生を選ぶ三女・桃子。楡家の女性陣がそれぞれ意志強固なのに対し、男性陣はみな少しずつヘタレである。長男の欧洲は何度も落第したあげく、ようやく医師となって楡病院に戻ってくるも趣味人で病院経営に興味なし。医学の道に進まなかった次男の米国《よねくに》は健康なのに病身だといいはるし、楡病院の書生から龍子の夫となった徹吉は学究肌で家族にも病院にも愛着が薄い。

病院も有為転変の末、戦争で閉院を余儀なくされる。

敗戦の翌年、気ままな子どもたちを見て龍子は思う。「夫ももう駄目だ。三人の子供は誰一人として頼りにならない」。それでも彼女は病院の復興をあきらめない。

ラスト、〈理不尽な怒り〉にかられた龍子は突然、干した茶がらを粉砕器にかけはじめる。〈龍子は、しゃっきりとうなじを立て、何者かに挑戦するかのように唇を嚙《か》みしめながら、せかせかと、力まかせに、ぐるぐると把手《とって》をまわして茶がらをひきはじめた……〉

巻頭に描かれた大正期の楡病院の台所との、なんという差！

この小説は一族の誰に対しても特別な思い入れを示さない。語り手はあくまで批評的な地位にあり、どんなに悲惨な逸話にも滑稽みがただよう。ラストの龍子も少し滑稽だ。家族の没落を描いた古今東西の作品の中でもまちがいなく一級品。台所目線の勝利である。


作者の家族をモデルにした、全三冊の長編。龍子のモデルは斎藤輝子、夫の徹吉は斎藤茂吉ということになる。作者はトーマス・マン『ブッデンブローク家の人々』を意識していたという。

●北杜夫（きた・もりお　一九二七〜二〇一一）主な作品は『夜と霧の隅で』等。歌人斎藤茂吉の次男。医師として働く傍ら創作を重ね、半年間の船医体験を題材にした『どくとるマンボウ航海記』で有名に。「どくとるマンボウ」シリーズのエッセイは特に人気がある。
●出典…新潮文庫

が今は唯、彼の頭も身体も、彼の子供と同じように、休息を欲した。

『子をつれて』（一九一八年）葛西善蔵

●貧乏作家はバカ正直

破滅型の作家といったら、多くの人が思い出すのは太宰治だろう。しかし、同じ青森県出身の先輩作家・葛西善蔵は、自虐にもっと気合いが入っている。彼は自分や親族を題材にした私小説専門の作家である。『子をつれて』は葛西三〇歳のときの出世作だ。

家賃を滞納して借家を追い出された貧乏作家。妻は下の娘を連れてどうやら実家に金の工面に行っているらしい。仕方なく「彼」は小学生の息子と就学前の娘を連れて、あてもなく夜道をさまようハメになる。「彼」と記されるこの作家は、金がなくなれば友人の借金に頼る、金が入れば飲んでしまう。金銭感覚ゼロ。そもそも父親失格なのである。

そのダメっぷりは末尾にもあらわれている。夜風の中で「彼」は友人たちの忠告を思い出す。〈生存が出来なくなるぞ！　斯う云ったKの顔、警部の顔――併し実際それがそれ程大したことなんだろうか。／「……が、子供等までも自分の巻添えにするということは？」〉。ここでようやく「彼」はことの重さに気づくのだ。〈そうだ！　それは確かに怖ろしいことに違いない！／が今は唯、彼の頭も身体も、彼の子供と同じように、休息を欲した〉。

休息を欲した……。率直というか、バカ正直というか。

しかし半面、「彼」には子煩悩なところもあって、〈掃除をしたり、お菜を煮たり、糠味噌を出したりして、子供等に晩飯を済まさせ、彼はやうやく西日の引いた縁側近くへお膳を据ゑて、淋しい気持で晩酌の盃を嘗《な》めてゐた〉という冒頭など、まるで今日のイクメンのようでさえある。家を追い出された後も、バーで自分は酒を飲み、子どもには豪勢に寿司やエビフライをおごっている。要は「彼」自身が子どもなのだ。

子どもには過去も未来もない。常に現在があるだけだ。そして作家は自分自身を「彼」と呼び、わざと幼児性を強調して書くのである。末尾の一文も突っ込んでくれといわんばかり。ま、「子を捨てて」にならなかっただけマシ。作品が書かれた一九一八年は第一次大戦の只中で物価は高いが景気はよかった。ハナから働く気のない「彼」に景気は関係ないけどね。

とはいえ葛西は後に妻子と別れ、別の女性と同棲した。「生活の破産、人間の破産、そこから僕の芸術生活が始まる」が自説だったのは有名な話。私小説の自虐趣味きわまれりである。

●葛西善蔵（かさい・ぜんぞう　一八八七〜一九二八）主な作品は『浮浪』『蠢く者』『湖畔手記』等。上京後、谷崎精二らと同人誌「奇蹟」を創刊、『哀しき父』で世に出た。家族を連れて、東京と郷里の青森を往復する貧窮生活を続けながら創作をしたが、四一歳で死去。

●出典…講談社文芸文庫など

圭一郎は幾度も幾度も寝返りを打った。——

『業苦』（一九二八年）嘉村礒多

気張って私小説を書いてはみたが

嘉村礒多は『子をつれて』の葛西善蔵の弟子とされる作家である。雑誌記者として晩年の葛西の口述筆記を務めるなどし、やがて自らも小説を発表するようになった。

『業苦』はそんな嘉村三〇歳の、当時としては遅いデビュー作。師匠同様、自身の生活を題材にしているが、なるほど師匠に負けず劣らずの困ったちゃんだ。

東京で千登世という女性と同棲している圭一郎に郷里Y県（山口県？）の妹から手紙がくる。「お兄さまもよくよく罪の深い方じゃありませんか。それでも人間と言えますか」。

彼は実家に妻とまだ幼い息子とを残し、深い関係になった千登世と駆け落ちしてきたのだった。二人の女との関係にけじめをつけない兄を妹は責めているのだが、妻の咲子も負けてはいず、慰謝料一万円を払わぬ限り離婚には応じないと粘っているという。そもそも圭一郎が咲子への愛情を失ったのは、彼女が結婚前に付き合っていた男がいると知ったからだった。／〈彼は疑ぐり出した。疑ぐりの心が頭を擡《もた》げるともう自制出来る圭一郎ではなかった。／「咲子、お前は処女だったろうな?」／「何を出抜けにそんなことを……失敬な」〉

しょうもな。もうちょっと「らしい」争いのタネはなかったのかね。

破滅型ぶってるが、ここから類推するに、嘉村はじつは愚直な常識人だったのではないか。末尾にもそれがあらわれている。貧乏がたたり、ひどくやせた千登世が青白い顔で眠っている。故郷に捨て置いてきた妻や子より、千登世に対する罪悪感や憐憫《れんびん》がつのる。が、一方で〈かと思うとポカンと放心した気持にもさせられた〉とも述べる語り手。〈全体これから奈何《どう》すればいいのか？　又奈何なることだろうか？　圭一郎は幾度も幾度も寝返りを打った。――〉

意外にフツウだ。寝返りを打ったくらいじゃ人は驚かない。圭一郎は安月給とはいえいちおう勤め人だし、実家は地主で故郷に帰れば生活にも困らない。私小説は読者をあきれさせてナンボの「たわけ自慢」の世界である。その点では師匠に完全に負けている。

続編の『崖の下』では置いてきた子どもをめぐる千登世との小さな確執が、晩年の『神前結婚』では二人のその後が描かれる。自身の人生の切り取り方もなんとなく律儀。

●嘉村礒多（かむら・いそた　一八九七～一九三三）主な作品は『足相撲』『崖の下』『滑川畔にて』等。裕福な農家に生まれる。最初の妻と不仲になり、別の女性と出奔し上京。葛西善蔵の口述筆記を務め、『途上』で私小説作家としての評価を得た。結核を患い逝去。
●出典…講談社文芸文庫

その方法の考えつかぬことに、暗い危惧が影を落としてはいたが。

『死の棘』（一九七七年）島尾敏雄

夫婦ゲンカと呼ぶには凄絶すぎる

浮気をした夫。夫の浮気を責める妻。たったそれだけの内容で、日本文学史上に燦然と輝く名作になってしまったのが島尾敏雄『死の棘』である。

ある日「私」が外泊して昼すぎに帰宅すると、机と畳と壁にインクがぶちまけられていた。妻に日記帳を見られたらしい。その日から地獄の日々がはじまる。

「あたしはあなたのなんなの」「妻です」「これが妻かしら。妻らしいどんな扱いをしてもらえたかしら」。はてしなく続く尋問の前に「私」は低姿勢でわび続けるが、やがて妻は精神に失調をきたし、生活は破綻。影響は六歳の息子と四歳の娘にも及び、幼い兄妹に「カテイノジジョウはやめろ！」といわしめるまでになる。

家庭内戦争小説か、究極のホラーか、はたまた純文学界のSM小説か。妻に寄り添えばサディスティックな気分に、夫に感情移入すればマゾヒスティックな気分に、それはもうなるのである。時間にすれば一年未満のできごとを、作家は一九六〇年から七六年まで一六年もかけ、連作の形で少しずつ発表し続けたのだった。

精神科病棟に二度目の入院をする妻につきそうべく「私」が病院に入るところで小説はいちおうの幕切れとなる。隔離病棟で二人ですごせば〈もしかしたら新しい生活に出発できるのではないかというきもちになっていた。ただ手紙の取りもどしをどう妻にあきらめさせるか、その方法の考えつかぬことに、暗い危惧が影を落としてはいたが〉。

この直前、女に書いた手紙をすべて取り返してくれと「私」は妻に懇願（脅迫？）されていたのである。つまり争いはまだ継続中なのだ。

「私」こと夫のトシオは三九歳。妻のミホは三七歳。作家の実体験に基づく私小説だが、痴話ゲンカと呼ぶには凄絶すぎる問答はあまりにリアルで、自虐的なユーモアさえただよう。田山花袋『蒲団』からはじまった私小説の系譜は、質量ともに厚みのある『死の棘』で終わったといってもいいように思われる。なんにせよ、読者を（文壇も）震撼させた夫婦間バトル。彼や彼女のケータイ履歴が気になるあなた、こうなる覚悟はできてます？

島尾敏雄は特攻隊長として奄美群島加計呂麻島に赴任し、そこで出会ったミホと結婚したが、そうした話はこの小説には出てこない。『「死の棘」日記』その他を併読されたし。

●島尾敏雄（しまお・としお　一九一七〜一九八六）主な作品は『日の移ろい』『湾内の入江で』等。奄美群島加計呂麻島で、発進命令を待機したまま特攻隊の指揮官として敗戦を迎える。その後、旺盛に執筆した。『死の棘』のモデルにもなった妻は、作家の島尾ミホ。
●出典：新潮文庫

名作のエンディングについて

●閉じた結末、開かれた結末●

ざっくりいうと、小説の終わり方は大きく二つに分類できる。「閉じた結末（クローズド・エンディング）」と「開かれた結末（オープン・エンディング）」である。

閉じた結末とは、作中で提出されたすべての事件が解決し、一件落着、大団円を迎える物語のこと。ハッピーエンド（困難を克服したチームが目的を達成するとか、恋人同士がめでたく結ばれるとか）であれ、バッドエンド（主人公が非業の死をとげるとか、家が滅亡するとか）であれ。昔話、神話、おとぎ話のたぐいは、だいたいみんなこうだった。いまもエンターテインメント文学の多くはこっちのタイプ。古典的な形式といっていいだろう。

一方、開かれた結末は「終わらない物語」である。ラストまで来ても事件の解決はなく、主人公の行く末を置き去りにしたまま小説が終わる。無責任といえば無責任、欲求不満が残るといえば残る終わり方である。しかし、開かれた結末は、読者に判断がゆだねられるぶん、作品の多様な解釈を可能にする。また、結末を回避することで、読後に独特の余韻を残す。純文学の、特に中短編はこっちが主流。比較的新しい形式である。

もっとも以上は作品の構成上の分類であって、最後の一文にのみ注目すると、もはや分類のしようがない（その前に「どれが最後の一文か」を特定するのも簡単そうでむずかしい）。それでも無理を承知で、いくつかのパターンを抽出すると……。

●風景が「いい仕事」をする終わり方●

〈小春日和の青白い光が、山麓の村に降りそそいでいる〉（『たそがれ清兵衛』）

〈今は人足《ひとあし》も絶えて久しい野麦峠に、地蔵様だけが笹原にいつもやさしくほほえみ、はかない人の世の歴史を語りかけている〉（『あゝ野麦峠』）

小説でもノンフィクションでもエッセイでも、最後に風景（音の風景を含む）が描写されると、あら不思議、急に「文学的！」な雰囲気がかもし出されるのだな。風景の描写には、興奮を静め、不安を緩和し、物語の騒々しさをやわらげる力があるのだろう。映画やテレビドラマのエンディングに、美しい風景や静かな音楽が流れるのと同じである。

風景描写に「人の目」を加える手もある。

〈(彼女は) 見る間に色の様々を変えて見せる海を、いつまでも眺めていた〉(『紀ノ川』)
〈かれは、窓ガラスを通して初夏の樹葉の色を見つめていた〉(『関東大震災』)
遠く眺める (見つめる) 人、である。眺める (見つめる) 人の心にはもちろん、過去への惜別だったり将来への不安だったり、なんらかの感慨がわいているのであるが、それをズバリとはいわず、彼や彼女の視線に託す。婉曲の技である。
〈国境の長いトンネルを抜けると雪国であった〉も〈木曽路はすべて山の中である〉も、広い意味での風景描写だが、それはこれからはじまる物語の舞台 (環境、背景) を読者に知らせる役目を担っている。いっぽう、ラストに登場する風景は、もっとピンポイントである。風景は物語に奥行きと陰影を与える。極端にいえば、描写の対象はなんでもいいのだ。
もしもあなたが何かを書いていて、終わり方で困ったら、とりあえず付け足しておこう。「外には風が吹いていた」「空はどこまでも青かった」「私は遠い山を見つめた」。
音楽でいえば最終楽章のコーダにも似た終わり方が演出できる (保証はしない)。

●人が「もうひと仕事」する終わり方●

とはいえ風景描写で終わるのは、物語に強引に幕を引く、いってみれば「ごまかし」である。風景でごまかしたくなければ、登場人物に「もうひと働き」してもらうしかあるまい。

「遠く眺める（見つめる）人」のバリエーションである。

〈私は活動写真の看板画が奇体な趣きで街を彩っている京極を下って行った〉（『檸檬』）

〈（彼は）ただ口の中で迷羊《ストレイ・シープ》、迷羊《ストレイ・シープ》と繰り返した〉（『三四郎』）

〈彼はあの冒険を切り抜けたのが自分の力であることを知っていた〉（『潮騒』）

　歩く、つぶやく、しゃべる、考える。人の動きや状態や思索で話が終わると、「物語はここでいったん終わりだが、彼や彼女の人生はまだこの先も続いていくのだ」という途上感が出る。登場人物のせりふや手紙で終わるのもこの仲間だ。ラストに新たな展開を予想させる行動を盛りこむと、より「途上感」が強調できる。

〈彼の父はもうそろそろ彼の絵を描くことにも叱言《こごと》を言い出してきた〉（『清兵衛と瓢箪』）

〈お島は順吉にそうも言って、この頃考えている自分の企画《もくろみ》をほのめかした〉（『あらくれ』）

　この後、彼や彼女はどうなるのか。いやがうえにも「開かれた物語（オープン・エンディング）」の気分が盛り上がる。ドラマチックな終わり方だ。

　まあでも、何よりドラマチックな終わり方はコレであろう。

〈二人はそこにすべてを忘れて、感激の涙にむせび合うたのであった〉（『恩讐の彼方に』）

〈早苗はいきなり、マスノの背にしがみついてむせび泣いた〉（『二十四の瞳』）

　人の涙で終わるあられもないエンディング。ラストに涙が出てくると「途上感」は消え、むしろ物語の「閉じた」感が強まる。カタルシスってやつである。読者を泣かせるならともかく自分が泣いてどうすんだ、と思うけれども、なんだかんだいって涙は最強の武器なのだ。

●語り手がしゃしゃり出る終わり方●

〈人にして人を毛嫌いするなかれ〉(『学問のすゝめ』)

〈ここは輝くほど明るい闇の国家である〉(『紀州』)

評論やエッセイは、もともと語り手主体の読み物だから、世間に対する警句や問いかけ、読者へのメッセージなど、ラストで論者の主張が語られるのはむしろ普通だ。これが上手く決まると、福沢諭吉のような名コピーが生まれるわけである。

ところが、小説の場合でも、それまでは「透明な存在」に近かった語り手が、おしまい近くでしゃしゃり出てきて、自らの思うところを語ったり、登場人物を論評したりするケースが意外と少なくない。ひとつは「知人の身の上」を語っていた語り手が、最後になって「自分らしさ」を発揮する場合。『嵐が丘』も『月と六ペンス』も『グレート・ギャッツビー』もそうだった。もうひとつは、語り手が読者に直接、言い訳をはじめる場合だ。

〈読者は無用の臆測をせぬが好い〉(『雁』)

〈こんな人間には、誰もかかりあわないことだ。避けることだ〉(『どくろ杯』)

舞台の上の人にいきなり話しかけられたようなものなので、読者はドギマギするものの、冷静ぶってた語り手の感情が、ふと垣間見えるのがおもしろい。

読者への挨拶で終わる本は、ちょっと見素朴に見えるが、気取りを捨てた本ともいえる。言い訳も自己主張もえらそうな箴言も、著者の情熱に免じて許してやろう。

●フィニッシュをどう決めるか●

既存の本や詩を引用する、後日談を記す、「神よ」と呼びかける、続編の予告をするなど、これ以外にも、作品の終わり方には多彩なパターンが存在する。

なにしろ一編の最後を飾るフィナーレである。さぞや名文ぞろいにちがいないと、当初、私は期待しないでもなかった。結論からいえば「着地がみごと決まって拍手喝采」な作品はむしろ少ない。「こ、ここで終わるの?」な作品あり、「この一言は蛇足ちゃう?」な作品あり。書き出しで読者の心をグッとつかみ、フィニッシュをピタッと決めて美しく舞台を去りたい。そう願っても、人生と同じで本てのも、そう上手くはいかないのである。

ただし、形はどうあれ、末尾にそれなりの思いが込められているのは疑いの余地がない。どんな作品も、書き出すことはできるが書き終わるのはむずかしい。本書で取り上げた中にも未完の作品が何作か含まれている。書き終える前に人生が終わることだってあるのだから、最後の一文を記すときには「やっとここまで来たか」の感慨がよぎる。「徹夜明けの私のデスクに朝のまぶしい光が降りそそいでいた」とか、そりゃ書きたくもなるさ。

本書は読売新聞夕刊の連載コラム「名作うしろ読み」（二〇〇九年四月〜二〇一一年一二月）を大幅に改稿、編集し直したものである。新聞連載中は読売新聞文化部の青沼隆彦さん、下田陽さん、山内則史さんのお世話になった。単行本化に際してお手をわずらわせたのは中央公論新社の瀧澤晶子さんである。記してお礼を申し上げたい。

と謝辞を述べた後、ほんとは「読者にとって本書が名作を読み直すキッカケになることを願っている」とか何とか、もっともらしいメッセージを発しておけば恰好がつくのかもしれないが、それは余計なお世話だろう。評論のラストはとかく説教臭くなるのが問題なのだ。

二〇一二年一二月

斎藤美奈子

文庫版のためのあとがき

〈評論のラストはとかく説教臭くなるのが問題なのだ〉

斎藤美奈子『名作うしろ読み』の末尾である。このラストはむろん「渾身の一文」なんかじゃ全然ないけれど、斎藤がそれなりに頭を悩ませたのも事実である（だって本書の読者は「じゃあこの本はどうなんだ」って思うに決まっているじゃない？）。「お尻」問題がまさか自分を縛ることになろうとは！　罰が当たったのであろう。

その『名作うしろ読み』が中公文庫の一冊に加わることになった。

今般、文庫のラインナップも入れ替わりが激しくて、かつては文庫で読めたのに知らない間に消えてしまった作品、文庫どころか存在自体が忘れ去られた作品も、少なくない。けれども、そこは「名作」の強みである。本書で取り扱った作品の大多数は、いまも文庫で読めるし、今後も何らかの形で読むことができるだろう。偶然というわけではない。本書のもとになった連載（読売新聞夕刊「名作うしろ読み」）が、「文庫か新書で読めること」「品切れになっていないこと」を選書の条件にしていたからだ。

おもしろいもので、歴史の荒波を超えて生き残った名作は、時代や社会の状況が変わっても、読めば必ず、新しい読み方や、思いもよらなかった解釈が生まれる。事実、本書の出版後、映画化された作品もあれば、新訳が出た作品もあり、名作は絶えず更新されるのだ、の思いを強くする。その意味で、名作とは「何度でも発見がある作品」のことかもしれない。

なにせ文庫は安価だし、ハンディだし、充電も不要だし、返信も強要しない。こんなにコストパフォーマンスの高い娯楽はちょっとないんじゃないかしら。

さて、『名作うしろ読み』が出版された後も、読売新聞の連載は続き、二〇一五年三月末まで、さらに回を重ねることになった。

本書に未収録の分（二〇一二年一月〜二〇一五年三月）は、姉妹編『名作うしろ読みプレミアム』（中央公論新社・二〇一六年二月刊行予定）にまとめた。どこがどう「プレミアム」なのか。興味のある方は、ぜひ、そちらもあわせてお読みいただければと思う。

問題は「名作文庫のガイド」という新しい使命をおびた（と勝手に思っている）本書がいつまで延命できるかだ。願わくは名作のオコボレを少しでも長く頂戴できますように。

二〇一五年一二月

斎藤美奈子

『名作うしろ読み』二〇一三年一月二五日　中央公論新社刊

中公文庫

名作《めいさく》うしろ読《よ》み

2016年1月25日　初版発行
2019年2月15日　再版発行

著　者　斎藤美奈子《さいとうみなこ》

発行者　松田陽三

発行所　中央公論新社
〒100-8152　東京都千代田区大手町1-7-1
電話　販売 03-5299-1730　編集 03-5299-1890
URL http://www.chuko.co.jp/

DTP　嵐下英治
印　刷　三晃印刷
製　本　小泉製本

Published by CHUOKORON-SHINSHA, INC.
Printed in Japan　ISBN978-4-12-206217-7 C1195

中公文庫既刊より

各書目の下段の数字はISBNコードです。978－4－12が省略してあります。

た-30-13
細　雪（全）
谷崎潤一郎
大阪船場の旧家蒔岡家の美しい四姉妹を優雅な風俗・行事とともに描く。女性への永遠の願いを〝雪子〟に託す谷崎文学の代表作。〈解説〉田辺聖子
200991-2

チ-1-2
園芸家12カ月
カレル・チャペック
小松太郎訳
軽妙なユーモアで読む人の心に花々を咲かせて、園芸に興味のない人を園芸マニアに陥らせ、園芸マニアをますます重症にしてしまう、無類に愉快な本。
202563-9

う-15-9
文明の生態史観
梅棹忠夫
東と西、アジア対ヨーロッパという、慣習的な座標軸のなかに捉えられてきた世界史に革命的な新視点を導入した比較文明論の名著。〈解説〉谷　泰
203037-4

ふ-2-7
楢山節考／東北の神武たち　深沢七郎初期短篇集
深沢七郎
「楢山節考」をはじめとする初期短篇のほか、伊藤整・武田泰淳・三島由紀夫による選評などを収録。文壇に衝撃をもって迎えられた当時の様子を再現する。〈解説〉小山田浩子
206010-4

か-18-7
どくろ杯
金子光晴
『こがね蟲』で詩壇に登場した詩人は、その輝きを残し、夫人と中国に渡る。長い放浪の旅が始まった――青春と詩を描く自伝。〈解説〉中野孝次
204406-7

う-9-5
ノラや
内田百閒
ある日行方知れずになった野良猫の子ノラと居つきながらも病死したクルツ。二匹の愛猫にまつわる愛情と機知とに満ちた連作14篇。〈解説〉平山三郎
202784-8

こ-60-1
ひたすら面白い小説が読みたくて
児玉清
芸能界きっての読書家として知られた著者が、ミステリーから時代小説まで和洋42の小説を紹介する。本を選びあぐねている人に贈る極上のブックガイド。
206402-7